고객은 이런
뉴스를 검색한다

온라인 언론 홍보를 활용한 마케팅 비법
고객은 이런 뉴스를 검색한다

1판 2쇄 발행 | 2020년 11월 15일

지 은 이 | 이욱희
펴 낸 이 | 이성범
펴 낸 곳 | 도서출판 타래
책 임 편 집 | 정경숙
표지디자인 | 김인수
본문디자인 | 권정숙

주소 | 서울시 영등포구 양평로 30길 14 911호 (세종앤까뮤스퀘어)
전화 | (02)2277-9684~5 / 팩스 | (02)323-9686
전자우편 | taraepub@nate.com
출판등록 | 제2012-000232호

ISBN 978-89-8250-113-5 (13320)

- 이 책은 저작권법에 의해
  한국 내에서 보호를 받는 저작물이므로
  무단 전재와 무단 복제를 금합니다.
- 값은 뒤표지에 있습니다.
- 파본은 구입한 서점에서 교환해 드립니다.

고객은 이런 뉴스를 검색한다

온라인 언론 홍보를 활용한
마케팅 비법

이욱희 지음

도서출판 **타래**

추 천 사

이 책은 언론 홍보만을 말하지 않습니다. 뉴스의 유통과 제작 등을 말하며 어떤 뉴스가 신뢰할 만한지에 대해 알게 합니다. 가짜 뉴스가 범람하는 세상에 뉴스의 진정성을 올바르게 판단할 수 있는 기준점을 제시합니다.

시유컴퍼니(마케팅 회사) 유연구 이사

저자는 책에서 홍보 기사를 활용하는 다양한 방법을 말합니다. 특히 SNS 광고와 온라인 광고를 통해 홍보 기사를 타깃 고객에게 노출하고, 홍보를 더 극대화 할 수 있다는 것이 새로웠습니다.

알프레드(영상 제작 및 유튜브 광고대행사) 전동배 대표

시대가 변하면서 언론 홍보의 기능에도 많은 변화가 일어났습니다. 저자는 급격히 변하는 시대에 맞춰 언론 홍보에 대한 예제와 함께 활용하는 방법을 명쾌하게 정리했습니다. 사업을 하는 입장에서 온라인 언론 홍보가 비즈니스 무기로 새롭게 느껴지게 만드는 책입니다.

'은밀한 마케팅의 유혹' 유성목(베스트어랏 대표) 저자

기업 서비스를 알릴 때 어떤 기사를 만들까 항상 고민이었습니다. 이 책이 말하는 언론 홍보 콘텐츠 종류와 기획 방법 등은 그런 고민에 많

은 도움이 됐습니다. 그리고 미디어(기자)와 독자들이 좋아하는 보도자료가 무엇인지에 대해 알게 됐습니다.

정재욱 센디(IT O2O기업, 코리아스타트업포럼 부산지역협의회장) 이사

홍보 담당자는 수없이 쏟아지는 기사들 틈에서 우리 기업의 기사를 타깃 고객에게 정확히 전달해야 하는 미션을 수행합니다. 그 방법을 이 책은 아낌없이 공개했습니다. 우리는 이 책을 읽고 오늘날의 뉴스와 언론을 폭넓게, 깊게 활용할 수 있는 비법을 얻게 될 것입니다.

김미균 시지온(소셜댓글 라이브리) 대표

저자의 온라인 홍보에 대한 신선한 접근법, 그리고 IT와 연관시킨 홍보 방법이 인상적이었습니다. 이 부분은 글로벌 기술의 최신 트렌드를 분석하고, 기술 사업화를 전문적으로 하는 저에게 더욱 유용하게 다가왔습니다. 전 세계적으로 무엇인가를 홍보하고 싶은 분들에게 이 책은 그 고민을 해결할 수 있는 방법도 제시할 것입니다.

김진수 테크블랙홀(기술거래기업) 대표

언론을 둘러싼 환경이 급변하고 있습니다. 신문, 방송 등과 같은 전통 매체의 위기가 계속해서 보고되고 있으며, 인터넷 상용화 이후 포털과 소셜미디어 등의 플랫폼은 변화 속 새로운 기회를 실험하고 있습니다. 온라인은 기회가 되기도 하지만, 기존 방식으로는 '노답'이기도 합니다. 모든 비즈니스들이 온라인에서 채널을 운용하고 자사의 제품과 서비스를 강조하지만, 성공적인 사례는 드뭅니다. 저자는 미디어 전문가로서 이런 혼란한 상황 속에서 맥락을 짚어내고 실마리를 제시합니다. 나아가 일반인에게도 현명한 뉴스 소비 노하우를 알려주고 있습니다.

특히 콘텐츠 홍수의 시대 속에서 저자의 이러한 노하우는 좋은 나침반이 되어 줄 것이 분명합니다.

이현재 우아한형제들(배달의민족) 대외협력이사

우리가 포털에서 접하는 정보들 중 신뢰도가 높은 축에 속하는 정보인 뉴스가 어떻게 만들어지고, 어떻게 우리에게 보이는가에 대한 모든 것이 이 책에 담겨 있습니다. 이를 역으로 활용한다면 언론 홍보 전략을 짜는데 매우 유용할 것입니다.

김영훈 주식회사 카르타(드론데이터플랫폼) 공동대표이사(COO)

지금 이 순간에도 포털에는 수많은 기사가 올라오고 있고, 이제 소비자는 기사 내용만 봐도 제대로 된 보도 자료인지, 아니면 기업의 광고 기사인지 구분해 낼 수 있는 정도의 수준이 된 것 같습니다. 이 시점에서 이 책은 소비자가 부담스러워 하지 않으면서도 어떻게 신뢰성을 줄 수 있는지 가이드를 제시해 주고 있기 때문에, 스타트업을 경영하는 입장에서 언론 홍보의 개념을 다시 한 번 재점검하게 되는 기회였습니다.

윤정민 캔고루(문화홍보플랫폼) 대표

저자는 해외 다국적 기업이나 국내 글로벌 기업들이 언론사와 비슷한 형태의 온드미디어를 운영하면서 글로벌하게 언론 홍보하는 사례로, 새로운 온라인 PR을 구체적으로 제시했습니다. 이는 아직도 올드한 방법으로 언론 홍보를 하는 국내 기업들에게 경각심을 불러일으킬 것입니다.

한동규 필터앤컴퍼니(디자인회사, 인덕대 디지털산업디자인 겸임교수) 대표

들어가며

1. 짜깁기하지 않는 책
2. 저자가 설명만 하지 않는 책
3. 개인의 경험이 충분히 담긴 책
4. 동종업계 종사자를 위한 책
5. 대중에게도 유익한 책

2018년 12월 어느 날, '49만원 내고 회사 대표가 되다'(한겨레21, 2018. 12. 18. 조윤영/변지민 기자)라는 기사가 나자, 포털과 SNS를 통해 논란이 빚어졌다. 해당 기사는 어떤 기자가 허위로 한 회사의 대표가 돼서 몇몇 언론사에 돈을 내고 인터뷰 기사를 싣는 내용을 다뤘다.

기자는 이 기사에서 누구나 언론사에 돈을 내고 가짜 대표 행세나 홍보를 할 수 있고, 검증이 잘 되지 않는 점들을 꼬집었다.

디지털 미디어 환경이 바뀌면서 PR과 언론 홍보 환경이 180도 변했다. 하지만 이와 관련된 전문 서적이 부족하다. 포털 검색을 통해 모호한 정보만을 얻을 수 있는 수준이다.

필자는 10년 가까이 미디어 경영과 홍보 업무를 해 오면서 기업의 대표(CEO)나 마케팅 홍보 담당자, 홍보 마케팅 지망생 등이 알아야 하는 디지털 PR에 관한 책이 필요하다고 여겼다. 그리고 마침내

누군가 정확하게 가르쳐줄 수 없고, 알려주지 않는 디지털 미디어 환경과 언론 홍보(PR)에 대해 말하려고 한다.

주간지 '한겨례21'에 '49만원 내고 회사 대표가 되다'라는 기사가 작성되기까지의 배경과 활용 등 깊게 파고드는 내용이 이 책에 고스란히 적혀 있다.

책을 쓰기까지 몇 개월간 망설였다. 책을 읽지 않는 시대에 책을 쓴다는 일 자체와 책에서 국내 미디어 환경에 대한 민감한 내용을 다뤄야 하기 때문이다. 하지만 드루킹 댓글조작 사건, 전재료/유가(돈을 주고 작성 노출된) 기사 등 디지털 미디어 환경의 음지가 서서히 드러나고 있다는 데 용기를 얻어 책을 쓰기로 했다.

다만 필자는 현재 국내 미디어 환경에서 이뤄지고 있는 언론 홍보의 어두운 점을 말하려고 펜을 든 것은 아니다. 이를 잘 활용하고 올바르게 홍보를 할 수 있는 환경을 만들 수 있다는 생각 속에서 디지털 미디어 환경과 언론 홍보에 대해 심도 있게 다루려고 노력했다.

이 책은 경제, 경영 등 다양한 서적을 참고했으며, 다음과 같은 점들을 주의해서 작성했다. 짜깁기하지 않는 책, 작가가 설명만 하지 않는 책, 작가의 경험이 충분히 담긴 책, 동종업계 종사자가 꼭 읽어야 하는 책 등이다. 그리고 마지막으로 대중 누구에게나 유익한 정보를 줄 수 있는 책이 될 수 있도록 만들었다. 이 책은 기업이나 제품을 알리는 홍보 방법에 대해 다뤘지만, 책을 보고 나면 누구나 현명한 사고와 뉴스를 보는 시각을 기를 수 있을 것이다.

추 천 사 04

들어가며 07

PART 1

대한민국
최고 언론사
'포털'의 시크릿

01. 포털의 탄생, '뉴요커'는 사라졌다! 16
02. 네이버는 언론인가, 플랫폼인가 19
03. 같은 키워드의 기사는 왜 묶이는가? 22
04. 네이버가 언론사보다 더 똑똑하다!? 25
05. 드루킹 사건 이후, 뉴스 편집에서 손 뗀 네이버 29
06. 언론(?)을 꿈꿨던 '미디어 다음' 33
07. 다음이 클러스터링 뉴스 검색 36
08. 국내 포털 3등은? 40
09. 언론사의 파워는 포털에서 나온다 44

스페셜 가이드 1
포털 뉴스 검색에 최적화된 온라인 홍보 기사 작성 49

PART 2
디지털 시대의 언론 홍보, 홍보와 광고는 무엇이 다른가

01. 오프라인 언론 홍보와 디지털 언론 홍보 56
02. 언론 홍보는 최고의 홍보(PR) 수단이 아니다? 60
03. 언론 홍보가 광고가 될 수 있는 이유 63
04. 돈으로 사는 뉴스 68
05. 어떤 언론사의 지면을 살 것인가? 72
06. 돈을 주고 노출한 홍보 기사는 과연 합법일까? 76

스페셜 가이드 2
포털 검색(광고) 키워드 데이터를 활용한 온라인 언론 홍보 방법 81

PART 3
온라인 언론 홍보의 핵심은 검색이다?

01. 온라인 언론 홍보의 검색 최적화 86
02. 노출을 늘리는 일이 온라인 언론 홍보의 핵심? 89
03. 온라인 보도 자료 작성에 대한 간단한 팁 93
04. 온라인 보도 자료 작성 시 주의사항 96
05. 검색을 위한 온라인 언론 홍보의 비밀 100
06. 누가 돈 주고 기사를 싣나? 103

스페셜 가이드 3
벤처, 중소형 기업의 손쉬운 온라인 언론 홍보 방법 110

PART 4

무엇을 PR할까?

01. 신제품 출시 – 상품/서비스 출시 기사 117

02. 반값으로 살 수 있는 기회? 120
   – 이벤트/프로모션 기사

03. 숫자는 팩트다! – 데이터 활용 124

04. 이슈에 주목하라! – 보도 자료와 이슈는 곧 노출 129

05. 스타, 셀럽 언론 홍보는 언제나 먹힌다? 132
   – 스타 마케팅과 언론 홍보

06. 공무원이 1등 신랑감, 1등 신부감이라고? 137
   – 설문 조사, 트렌드를 건들면 좋은 언론 홍보

07. 대기업이 벤처 기업과 손을 잡다 142
   – 크거나 독특한 손을 잡아라!

08. 언론 홍보 전에 뉴스를 기획하라! 146
   – 뉴스를 만드는 기획과 스토리텔링

스페셜 가이드 4
기업의 스타트업 및 초기 언론 홍보 절차 151

PART 5
온라인 언론 홍보를 위한 미디어 커뮤니케이션

01. 미디어 기자리스트 작성 방법　158
　　- 업계 선두 기업을 찾아라!

02. 기자를 낚는 보도 자료　162
　　- 이메일로 보도 자료를 보내는 방법

03. 기자와 홍보 담당자는 '악어와 악어새?'　166
　　- 미디어 커뮤니케이션, 기자와의 만남

04. 디지털 언론 홍보 1순위의 위기관리　171
　　- 기업의 위기관리, 온라인 언론 홍보

스페셜 가이드 5
온라인 언론 홍보와 위기관리에 관련된 간략한 팁　176

PART 6
온라인 언론 홍보의 확장

01. 삼성, 페이스북 등은 직접 미디어 (Owned Media)를 운영한다?　183

02. 기업 뉴스룸(홍보 사이트)이 미디어가 된다!　187

03. 포털 메인처럼 기사를 노출하는 방법　191
　　- SNS 활용한 언론 홍보

04. 많은 댓글이 홍보 기사를 포털 메인으로 데려다 준다?　195
　　- 뉴스와 댓글

05. 뉴스가 실시간 검색어를 장악한다?　201
　　- 홍보 기사와 광고

06. 온라인 언론 홍보의 큰 돈 '네이티브 광고' 206
　　– 언론 홍보와 네이티브 애드

07. TV에 우리 기업이 나오면 최고의 언론 홍보? 212
　　– 언론 홍보와 방송

스페셜 가이드 6
간단히 정리한 기업의 뉴스룸 구축 방법 및
활용법 217

PART 7
온라인
보도 자료
작성법의 비밀

01. 제목은 주제와 핵심이 명확해야 한다 228
　　– 보도 자료 제목과 부제목 선택 및 작성

02. 기사는 리드만 읽으면 된다 231
　　– 리드(Lead)란 무엇인가?

03. 보도 자료 본문마다 새로운 미끼를 던져라! 234
　　– 보도 자료 본문 작성

04. 홍보 기사에도 반드시 팩트가 있어야 한다 238
　　– 좋은 보도 자료와 글쓰기(1)

05. 보도 자료에는 Why가 있어야 한다 241
　　– 좋은 보도 자료와 글쓰기(2)

스페셜 가이드 7
온라인 언론 홍보와 디지털 PR의 확대 244

참 고 246

PART 1

대한민국
최고 언론사
'포털'의 시크릿

01
포털의 탄생,
'뉴요커'는 사라졌다!

이른 아침, 도심 속 고층빌딩 아래 카페에 앉아 종이 신문을 보면서 커피를 마시는 이들의 모습이 사라지고 있다. 1990년대 영화나 TV에 자주 등장했던 '뉴요커' 같은 직장인들의 일상을 더 이상 볼 수 없는 것이다.

지하철이나 버스 등에서도 종이 신문을 펼치는 사람들이 없어졌다. 많은 지하철 무료 신문들은 폐간을 했으며, 역사의 뒤안길로 사라졌다.

인터넷 PC에 이어 모바일(스마트폰) 시대에 접어들면서 누구나 손 안의 스마트폰을 통해 뉴스를 읽거나 동영상 뉴스를 보는 세상이 됐다.

대한민국의 아침도 변했다. "신문이요"라는 반가운 신문 배달원의 목소리도 이제는 들을 수가 없다. 누구나 아침에 일어나면 포털 메인을 차지하고 있는 헤드라인(기사 제목)을 통해 뉴스를 접한다.

거의 대다수 사람들이 포털을 통해 뉴스를 보며, 조선일보, 경향신문 등 특정 언론사 홈페이지에 다이렉트로 접속도 하지 않는다. 한마디로 포털은 국내 최고의 미디어가 됐다.

네이버(NAVER)는 국내 포털 시장 점유율 70% 이상(2018년 기준)을 차지하며, 언론사들의 머리 위에 있는 존재가 됐다. 10명 중 7명 이상이 네이버를 통해 뉴스를 소비한 탓에 언론사들은 네이버 뉴스에 자신들의 콘텐츠를 공급해야만 '언론의 힘'을 가질 수 있게 됐다.

물론 카카오(KAKAO)가 운영하는 포털 다음(DAUM)과 네이트(NATE), 구글(GOOGLE) 등이 있지만, 네이버의 점유율과는 비교도 되지 않는다.

대한민국 국민에게 네이버와 다음은 삼시세끼와 같을 정도이다. 매일 이와 같은 포털에 접속하기 때문이다. 사람들은 그 안에 있는 콘텐츠를 소비한다.

가장 많이 소비하는 콘텐츠는 포털 메인을 장식하고 있는 '뉴스'라고 할 수 있다. 또한 실시간 이슈 키워드, 검색 등을 통해 뉴스를 본다. 언론이 여론을 조장하고 국민을 움직이는 힘을 가졌다면, 막강한 영향력을 행사하고 있는 이 시대 대한민국의 언론은 포털인 셈이다.

필자는 언론 홍보를 하는 전문가들뿐만 아니라, 일반 국민들도 알아 두면 좋을 포털과 언론에 대해 누군가 자세하게 알려주지 않

는 부분을 다루려고 한다. 물론 몇몇 관련 종사자들은 해당 내용을 어느 정도 알 수 있다. 하지만 대다수 국민들은 국내 포털과 언론의 생태계를 정확하게 이해하고 있지는 않을 것이다. 온라인 언론 홍보(PR)와 디지털PR를 잘 진행하기 위해서는 반드시 이러한 환경을 제대로 인지하고 활용해야 한다.

02
네이버는 언론인가, 플랫폼인가

당신은 포털 '네이버'에 하루에 몇 번 접속하는가? 네이버 사용자라면 습관적으로 네이버 웹에 접속하거나 애플리케이션을 실행한다. 정확하게 접속한 횟수를 셀 수가 없다. 매일 네이버에서 뉴스를 보고, 궁금한 정보를 찾아보고, 쇼핑 정보도 얻는다.

요즘은 '네이버 스마트 스토어'를 통해 네이버에서 쇼핑 구매도 한다. 네이버 검색창에 특정 단어를 입력하면 키워드 광고, 지식인, 블로그, 웹, 뉴스, 사이트 등이 나온다. 실시간 검색 키워드일 경우에는 뉴스를 클릭할 확률이 높다.

네이버 뉴스 콘텐츠 제휴사와 뉴스 검색 제휴사

'오늘 날씨'를 검색했다면, 네이버가 실시간으로 제공하는 날씨 정보가 나온다. 그리고 그 밑에 뉴스 섹션이 뜨며, 날씨와 관련된 다양한 기사들이 노출된다.

특정 기사를 클릭했을 때, 언론사 홈페이지로 이동하기도 하고, 네이버 뉴스 섹션으로 이동하기도 한다. 그 이유는 뉴스 콘텐츠 제휴사와 뉴스 검색 제휴 언론사로 나뉘기 때문이다.

네이버는 콘텐츠 품질이 높다고 판단되는 언론사의 기사를 전재료(콘텐츠 비용)를 주고 네이버 뉴스 섹션에 제공한다. 뉴스 콘텐츠 제휴사는 특정 언론사로 국한된다. 주로 신문이나 잡지, 방송국 등 오랫동안 전통을 자랑하는 언론사가 있으며, 인터넷 뉴스 1세대 언론사와 사용자들이 많이 보는 스포츠신문 등이 포진돼 있다.

뉴스 검색 제휴사는 콘텐츠 제휴사보다 많으며, 현재는 특정 기준을 통과한 언론사들이 검색 제휴를 통해 뉴스를 제공하고 있다.
과거에는 뉴스 검색 제휴사가 적은 편이었기 때문에 네이버에 뉴스를 공급하는 자체만으로도 언론사들이 많은 이득을 보았다. 즉, 네이버 검색을 통해 많은 사람들이 기사를 읽었기 때문에 해당 언론사들은 힘을 얻었고, 최고의 전성기를 누렸다. 네이버라는 거대한 거인의 등에 업혀 트래픽과 광고 영업 등에서 우위를 차지한 것이다.

모바일에서 뉴스를 클릭했을 때 네이버 뉴스 섹션에서 기사가 보이면 콘텐츠 제휴사이고, 언론사 홈페이지에서 보이면 뉴스 검색 제휴사로 생각하면 된다.
모바일에서는 이렇게 구분할 수 있지만, PC 검색을 통해 뉴스를 볼 경우에는 모든 기사들이 언론사 홈페이지로 이동된다. 다만 콘텐츠 제휴사는 언론사명 옆에 기사 노출 시간과 '네이버 뉴스'라는 섹션이 같이 노출된다. '네이버 뉴스'라는 글자를 클릭할 경우 네이버 뉴스 섹션에서 해당 기사를 볼 수 있다.

네이버에 뉴스를 공급하는 언론사를 찾는 방법은 매우 간단하지만 잘 모르는 경우가 많다. 가장 손쉬운 방법은 특정 키워드를 검색하고 뉴스 섹션만 따로 보면 된다.

메뉴 오른쪽에 있는 '검색 옵션'을 클릭하면 정렬, 기간 등이 보이고 '언론사'라는 단어가 있다. 이를 클릭하면, 각 분야별(일간지, 방송/통신, 경제지 등)로 네이버와 제휴한 언론사의 이름을 확인할 수 있다. 가, 나, 다 순서로 매체명을 볼 수도 있다. (PC와 모바일에서는 약간 다르게 보인다.)

03
같은 키워드의 기사는 왜 묶이는가?

축구 선수 손흥민이 영국 프리미어 리그(EPL)에서 골을 넣었다. 관련 기사를 보기 위해 네이버 검색 창에서 '손흥민 골'이라고 검색을 하면 뉴스 섹션에는 다양한 기사들이 나올 것이다. 이때 여러 개의 기사가 묶여 있는 것을 확인할 수 있다.

'손흥민 골'에 관련된 기사를 작성한 많은 언론사의 기사들이 하나로 묶여서 보인다. 이를 '클러스터링'이라고 한다. (물론 단독으로 한 곳의 언론사 기사만 보이기도 한다.)

어뷰징 방지, 네이버 뉴스 검색 '클러스터링' 적용

네이버는 지난 2014년 12월 5일부터 뉴스 섹션에 클러스터링 방식을 적용했다.

클러스터링 방식은 네이버 검색에서 특정 키워드를 검색할 경우 이 키워드와 관련된 다양한 뉴스 콘텐츠들을 주제별 묶음 단위로 노출시키는 기술이다.

'손흥민 골'처럼 같은 키워드의 기사를 묶음 단위로 보여준다. 과거에 네이버는 뉴스 섹션에서 시간대별로 기사를 보여줬지만, 트래픽을 얻으려는 언론사의 어뷰징을 방지하기 위해 클러스터링 방식을 도입한 것이다. 다른 포털인 구글과 다음은 예전부터 클러스터링 방식을 사용했다.

클러스터링을 도입하기 전 언론사들은 실시간 검색 키워드를 바탕으로 기사를 분 단위로 작성해서 다른 언론사들과 경쟁을 했다. 심지어 같은 내용의 기사가 한 언론사에서 50여 꼭지 이상이 작성되기도 했다.

당연한 결과로 기사의 품질은 저하됐고, 특정 이슈에 대한 3줄짜리 기사가 등장하기도 했다. 즉, 아무리 사실에 입각하고 새로운 사실을 알아내는 좋은 기사를 작성하더라도 다른 비슷한 기사들에 묻혀 독자들은 해당 기사를 볼 수가 없는 것이다. 이런 환경은 언론사 기자들을 일명 '기레기(기자 쓰레기의 줄임말)'로 만든 원인 중 하나가 됐다.

필자의 관점에서 네이버의 글러스터링 도입은 반은 성공했고, 반은 실패했다.

사용자는 같은 내용의 기사가 묶여지면서 1페이지에서 다른 각도의 기사들을 볼 수 있었다. 하지만 클러스터링은 또 다른 병폐를 만들었다. 클러스터링 방식에서 질 좋은 기사가 가장 위에 위치해 있는 것은 아니다.

　클러스터링 도입 후 언론사들은 트래픽을 가지고 오기 위한 새로운 방법을 고안했다. 그것은 일명 '물타기 기사'다. 기자가 특정 이슈에 대한 과거의 다른 내용을 끄집어내는 기사를 쓰는 것이다.

　예를 들어, 특정 연예인의 이름이 실시간 검색어 1위가 되면, 그 연예인이 과거에 열애했던 사실까지 끄집어내는 것이다. 이에 대해 언론사들을 제재하고 있기는 하지만, 아직도 딱히 막을 방법이 없다.

　보도 자료가 온라인 언론사를 통해 기사화되어 노출된다면, 10곳의 언론사에서 해당 보도 자료를 작성하더라도 1곳에 묶여 3곳의 기사만 보인다. 더 많은 기사를 보려면 '관련 뉴스 전체 보기'를 눌러야 한다.

　보도 자료를 통해 기자들이 새로운 사실이나 전혀 다른 내용을 취재, 기획 작성한 기사들은 따로 노출되기도 한다. 하지만 같이 묶이는 경우가 다반사다.

04
네이버가 언론사보다
더 똑똑하다!?

스마트폰이 우리 생활에 필수품으로 침투하기 전, 사람들은 보통 PC를 통해 네이버에 접속했다. 컴퓨터 앞에서만 뉴스를 볼 수 있었던 것이다. 당시 네이버 홈페이지 메인에는 뉴스 섹션이 가장 중요한 위치를 차지했다.

그렇다면 네이버는 언제부터 뉴스 서비스를 시작했을까?

국내에 전국적으로 인터넷이 설치됐던 2000년 5월, 네이버는 PC 메인 페이지에 뉴스 서비스를 도입했다.

처음 네이버는 기사를 클릭하면 네이버 뉴스 섹션에서 기사를 보여주는 '인링크 방식'을 채택했다. 이후 2000년대 중반, 네이버는 경쟁 포털 다음의 점유율을 뛰어넘었으며, 국내 포털 1위로 등극했다. (기사를 클릭 시, 인링크는 네이버 뉴스 섹션에서 기사를 노출하지만, 아웃링크는 언론사 페이지에서 기사를 노출하는 방식이다.)

PC 뉴스캐스트 폐지는 네이버의 꼼수일까?
모바일 이용자 90%, PC 10%

언론사들은 네이버에 뺏기는 트래픽에 반발했고, 네이버는 2008년에 '뉴스캐스트'라는 서비스를 도입했다. 뉴스캐스트는 네이버 메인 페이지 뉴스 섹션에서 제휴 언론사의 기사가 랜덤으로 아웃링크되어 노출되는 방식이다.

언론사들은 각자 네이버 메인에 노출하고 싶은 기사를 선택할 수도 있었다. 이때 트래픽에 우위를 점하려는 언론사들은 네이버 메인에 자극적인 기사(낚시성 기사)와 광고 기사를 적절하게 섞었다.

기사 헤드라인에는 '충격', '공포', '이런 일이?', '헉' 등 기사 내용을 궁금케 하는 단어가 가장 많이 들어가기 시작했다. 이런 일련의 행태는 온라인 저널리즘의 질을 낮췄고, 독자들의 반발도 큰 편이었다.

일명 기사 내용과 무관한 제목을 단 '낚시성 기사'는 소비자를 우롱한다는 비판에 휩싸이기도 했다. 이는 '기레기' 용어의 탄생을 부추긴 사건 중 하나이다.

'뉴스캐스트'는 네이버 제휴 언론사들의 힘을 더욱 강력하게 한 요인이 됐다.

미끼성 제목을 단 기사가 엄청난 트래픽을 유발하게 했고, 해당 언론사들은 온라인 광고 수익을 늘릴 수 있었다.

이런 문제점으로 골머리를 앓고 있던 네이버는 뉴스캐스트를 폐지하고 다른 방식을 선보였다. 바로 2013년에 '뉴스스탠드' 서비스를 오픈한 것이다. 이때는 스마트폰의 확산으로 모바일 접속자들이 늘어나는 시기였다. 뉴스스탠드는 PC 메인 화면에서 기사보다는 언론사 로고를 노출하고 독자가 구독하는 서비스이다.

독자가 직접 구독하고 싶은 '마이 언론사'를 설정하면, 구독한 언론사들이 편집한 기사를 PC 메인에서 볼 수 있다. 기사를 클릭하면 아웃링크를 통해 해당 언론사로 가는 방식이다. (2019년 현재까지도 네이버 뉴스스탠드가 존재하고 있다.)

'뉴스스탠드'는 독자와 언론사들을 위한 윈-윈 방식처럼 보인다. 그러나 뉴스스탠드는 언론사를 속이기 위한 네이버의 교묘한 노림수이지 않았을까?

뉴스스탠드 도입 당시 PC보다는 모바일로 접속하는 네이버 사용자들이 늘어나고 있는 상황이었다. 다시 말해 PC 접속자와 PC 체류 시간은 점점 떨어지고 있었다. 앞으로 모바일 시대가 열릴 것

으로 예측이 되는 상황이었다.

언론사들이 PC 뉴스스탠드 구독자 늘리기에 혈안이 되어 있을 때, 네이버는 모바일 뉴스의 모든 트래픽을 가져가며 미소를 짓고 있었을 것이다.

처음에 네이버 모바일 웹 뉴스 섹션에서는 콘텐츠 제휴사 언론사들의 뉴스만 노출이 됐다. 당연히 모든 뉴스 트래픽은 네이버가 가져간 것이다. (현재는 뉴스 검색 제휴사도 네이버 뉴스 섹션에서 노출이 되고 있다.)

이후 네이버는 계속해서 검색 개편을 하고 있지만, 언론사보다는 자사의 이득을 위한 검색 알고리즘으로 바꾸고 있는 것으로 보인다. 물론 모든 기업이 자사의 이득을 위해 움직이지만, 언론사들은 전재료와 독자를 가져올 수 있는 꿀맛에 취해 네이버에 휘둘리고 있는 셈이다. 이는 필자의 사견이다.

온라인 언론 홍보를 위해서는 네이버가 언론사 기사를 노출하는 방식을 알아야 한다. 결국 온라인 언론 홍보를 위해서는 어떤 언론사가 네이버라는 거인의 등 위에 올라타고 있는지, 또 어떤 영향력 있는 힘을 가지고 있는지를 알아야 하며, 검색이라는 방법을 통해 어떻게 언론 홍보를 효과적으로 할 수 있는가를 고민해야 할 것이다.

05
드루킹 사건 이후, 뉴스 편집에서 손 뗀 네이버

2018년, 네이버는 큰 결단을 내렸다. 드루킹 댓글 조작으로 여론의 뭇매를 맞으면서 뉴스 편집에서 손을 떼겠다고 선언했다.

네이버 뉴스 편집자가 직접 편집을 하는 뉴스가 아닌, 언론사가 직접 편집을 한 뉴스를 보여주겠다는 것이다. 또한, 개인 소비 기반의 기사를 자동으로 추천하는 AI(인공지능) 뉴스 추천 기술인 에어스(AIRS)를 강화한다는 전략을 세웠다. 에어스는 지난 2017년부터 네이버 모바일에서 제공하기 시작했다.

네이버는 모바일 메인에 구글처럼 검색을 할 수 있는 부분을 먼저 제공하고, 옆으로 밀면 기사가 나오는 형태로 변경했다. (이 방법이 계속 채택될지는 모르겠다.)

메인 화면에서 옆으로 밀면 소비자가 구독한 언론사 뉴스들이 나온다. 다시 옆으로 밀면, 자동으로 소비자의 관심 뉴스를 보여준

다. 여기까지는 네이버 뉴스 편집자들이 관여하지 않는 부분이다. 다만 연예, 스포츠 섹션 등의 상단은 네이버 에디터들이 직접 편집을 하고 있다.

네이버 모바일 메인 개편은 앞으로 언론사에 영향을 미칠 것으로 예상된다. 뉴스 콘텐츠 제휴사의 영향력과 트래픽은 상승하지만, 뉴스 검색 제휴사의 트래픽은 떨어질 것으로 보인다.

온라인 언론 홍보적인 측면에서는 뉴스 콘텐츠 제휴사에 홍보 기사가 노출 될 시 검색 제휴사보다 훨씬 더 많은 이득을 보게 될 것이다. 뉴스 콘텐츠 제휴사에 홍보 기사가 게재되면 검색뿐만 아니라, 자동 추출로도 홍보 기사가 소비자에게 노출되기 때문이다.

또한 네이버는 2019년 2월, 뉴스 검색 알고리즘을 변경했다. 뉴스 서비스 품질을 높이기 위해 이슈 검색어를 노린 어뷰징(Abusing) 기사와 기사 페이지에서 뒤로 가기 강제 광고 노출을 하는 언론사들의 기사를 검색 결과 상위에 랭크되지 않도록 바꿨다.

특히 네이버 뉴스 검색 알고리즘에 '연관성', '시의성', '기사의 품질'을 점수화해 검색 랭킹을 결정한다고 했다. 기사의 품질에 대해서도 '충실성', '참신성', '독창성', '선정성' 등의 품질 요소를 기반으로, 기계적으로 추출된 품질 지수를 개발해 검색에 적용하고 있다고 했다.

네이버 뉴스 검색 알고리즘 변경은 온라인 언론 홍보에 대한 고민을 하게 했다. 기존에는 네이버 뉴스 검색이 된 어떤 언론사든지 간에 홍보 기사가 게재되면, 특정 키워드가 상위에 노출되는 경향이 있었다.

그러나 이제는 어떤 언론사에 홍보 기사가 노출되느냐에 따라 특정 키워드 검색 시 노출이 상위가 되거나 하위가 되거나가 결정된다. 또한 일반 보도 자료도 같은 산업군과 달라야 하며, 반드시 사실에 근거한 정확한 수치 등을 기입해야 한다.

알아 두면 쓸모 있는 소소한 언론 홍보 Tip

소비자 불편 모바일 광고가 적용된 언론사는 검색에서 사라진다
네이버는 2019년 초 네이버 뉴스 제휴 언론사들을 대상으로 모바일 광고에 대한 지침을 내렸다. 기사 페이지에서 뒤로 가기 강제 광고 노출을 하는 언론사는 뉴스 검색에서 하위로 노출한다는 것이다. 기사 지면이 작은 모바일에서 뒤로 가기 강제 광고 노출은 인터넷 미디어의 많은 광고 수익을 차지하는 부분이다. 이에 해당 광고를 포기하지 않는 언론사는 트래픽 급감을 유발했다. 네트워크 광고회사 관계자는 어떤 언론사는 1/3 이상 일일 트래픽이 줄었다고 필자에게 말했다. 반면, 뉴스 검색 알고리즘 변경 후에도 네이버 콘텐츠 제휴사는 영향을 받지 않았다고 했다.

06

언론(?)을 꿈꿨던 '미디어 다음'

대한민국 최초의 웹메일 서비스는 1997년도에 시작됐다. 바로 ㈜다음커뮤니케이션 창립자 이재웅 씨가 만든 '한메일(hanmail.net)' 서비스이다. 이후 다음은 미디어(언론)를 꿈꾸며 2003년 1월, '미디어다음'을 오픈해 뉴스 서비스를 시작했다.

현재 가장 많은 언론사들과 제휴한 국내 포털은 ㈜카카오가 운영하는 '다음(DAUM)'이다. 그만큼 다음은 미디어에 대한 남다른 애착을 가지고 있다. 포털 '네이버' 다음으로 국내에서 2번째로 큰 포털이 '다음'이다. 농담 삼아 하는 얘기로, 네이버 다음으로 많이 접속하는 포털이 '다음'이다.

국내 최다 언론사 제휴 포털(플랫폼) '다음(카카오)'

다음 뉴스는 네이버 뉴스와 쌍둥이처럼 비슷했다. 검색, 뉴스,

실시간 검색어, 쇼핑 등 구성에서도 큰 차이를 느낄 수 없었다. 다만, 포털을 대표하는 콘텐츠에 대한 컬러가 다르다는 것은 뚜렷한 차이를 보인다.

실제로 두 포털 메인에 노출된 기사도 다른 형태를 띤다. (소위 혹자들은 다음은 좌파가 보는 뉴스, 네이버는 우파가 보는 뉴스로 구분하기도 한다. 이런 속설은 개인적으로 판단하길 바란다.)

다음도 역시 네이버처럼 뉴스 콘텐츠 제휴와 검색 제휴로 구분해서 언론사들과 제휴를 맺고 있다. 콘텐츠 제휴 업체도 네이버와 비슷하다. 주요 일간지, 방송/통신사, 경제지, 주요 연예/스포츠지, 매거진 등이다.

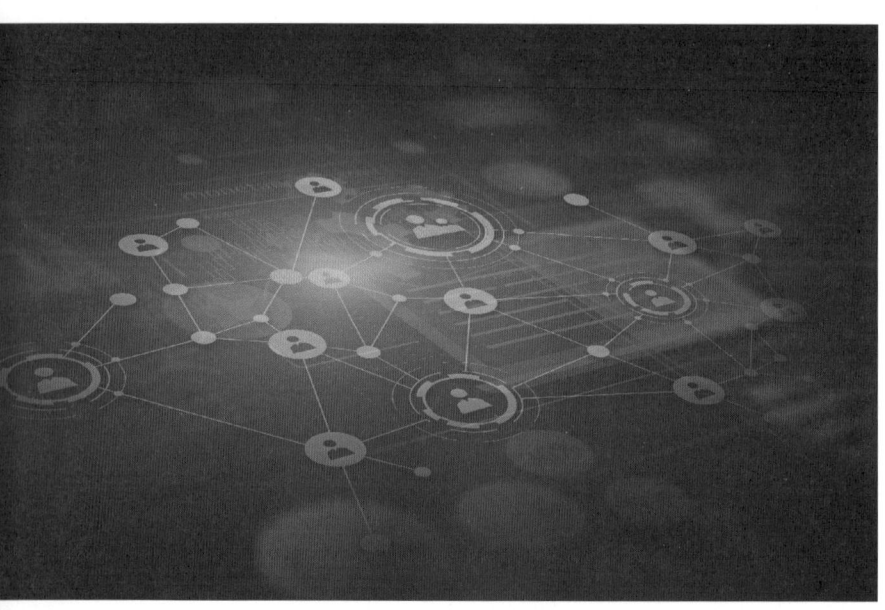

다음은 네이버와 다른 방법으로 콘텐츠 제휴 언론사와 계약을 맺고 있다. 기본 전재료와 더불어 광고비를 포함해 월별로 매체마다 입금을 하고 있다. 즉, 각 콘텐츠 제휴 매체마다 기본적으로 최소한의 콘텐츠 비용을 지불하고, 각 매체의 콘텐츠에서 발생하는 광고료를 일정 비율로 나눠 매체와 다음이 나누는 방식이다.

다음 홈페이지 메인에 걸리는 기사나 많이 검색되는 기사를 작성한 매체는 광고비가 늘어나고, 이에 따라 월간 매체 제휴 광고 비용이 오르는 형태이다.

뉴스평가위원회 출범 전에는 네이버보다 다음이 더 미디어에 대해 개방적이었다. 다음은 미디어가 지닌 기본적인 요건을 갖추면 1차적으로 뉴스 검색 제휴를 맺었다. 이에 네이버보다 다음에 제휴된 언론사가 상대적으로 많다. 이런 특징으로 인해 뉴스 검색 시에 네이버보다는 다음에서 더 많은 뉴스 콘텐츠를 볼 수 있다.

네이버와 달리, 다음은 제휴된 모든 언론사를 한 눈에 볼 수 있는 페이지를 따로 제공하고 있다. 그러나 해당 페이지를 일반인은 물론 대다수 홍보 담당자들이 모르고 있다.

다음 뉴스 섹션 맨 아래 '언론사별 뉴스'를 클릭하면 다음과 제휴된 모든 언론사를 볼 수 있다. 다음 뉴스 제휴 언론사와 검색 제휴 언론사로 구분돼 있다. 또한 언론사는 분야별로 종합, 경제, IT 등으로 구분되며, 검색 제휴사는 종합, 지역 등 더욱 세분화돼 있다.

07
다음의 클러스터링 뉴스 검색

다음은 네이버보다 뉴스 위주의 검색을 지향하고 있다. 네이버에서 검색 시 블로그, 포스트 등 다른 검색들과 혼합된 형태가 먼저 나온다면, 다음은 대체적으로 뉴스 섹션이 상위로 노출되고 있는 편이다.

다음은 네이버보다 더 일찍 클러스터링 방식으로 뉴스 검색을 보여주고 있으며, 클러스터링에 대한 검색 결과도 다르다. 클러스터링 방법은 네이버와 비슷하다.

예전에 다음은 특정 키워드^(실시간 검색어)에 대한 뉴스 검색 노출 방식이 특화돼 있었다. 예를 들어, 아이돌 그룹 '방탄소년단' 신규 앨범에 대한 기사가 나오면 같은 신규 앨범 기사를 묶어서 보여줬다.

또한 신규 앨범에 대한 기자의 평가^(칼럼)나 방탄소년단에 대한 다른 콘텐츠의 형태인 기획 기사 등을 단독으로 상위에 노출했다.

하지만 지금은 검색 알고리즘을 계속해서 바꾸고 있는 것으로 확인되고 있다. 이는 언론사들의 '물타기 기사' 영향으로 보인다.

카카오를 만난 다음의 꼼수?
현재 다음은 '미디어다음'이 초기에 가졌던 나름의 철학을 버리고 자사 기업만을 위한 정책을 고수하고 있는 모습이다.

지난 2014년 10월 다음커뮤니케이션이 ㈜카카오와 합병한 후에 카카오톡을 통해 다음에 담긴 콘텐츠가 유통되고 있다. 대한민국에 거주하고 있는 거의 대다수 사람들이 사용하고 있는 필수 애플리케이션 '카카오톡'을 통한 콘텐츠 유통은 실로 네이버를 위협할 정도로 성장했다.

카카오 합병 이후 다음은 뉴스 검색에서 먼저 불평등한 알고리즘을 적용한 것으로 보인다. (네이버와 달리 다음은 뉴스 검색 알고리즘 변경에 대해 공식적으로 발표하지 않았다.) 이런 알고리즘은 일반 대중에게는 크게 영향을 미치지 않지만, 중소 언론사들이 성장할 수 있는 동력을 잃어버리게 했다.

몇 년 전, 다음은 특정 '키워드'를 검색할 때 뉴스 콘텐츠 제휴사를 먼저 노출했으며, 검색 제휴사의 기사를 콘텐츠 제휴 언론사들의 기사 아래에 보이도록 만들었다. 다음에서 가수 '아이유'를 검색하면 콘텐츠 제휴 언론사의 기사가 먼저 나오고, 그 밑으로 검색 제휴사 기사가 나오는 것이다. (현재 다음 뉴스 알고리즘은 다소 모호해 보인다.)

다음이 이런 뉴스 검색 알고리즘을 선택한 데는 이유가 있다. 콘텐츠 제휴 언론사의 기사일 경우, 다음 뉴스 섹션에서 뉴스가 보이기 때문에, 다음 뉴스의 트래픽을 높일 수 있다.

다시 말하자면, 다음 뉴스 검색 제휴된 언론사들은 아무리 좋은 기사를 쓰더라도 자사의 홈페이지로 독자를 이끌 수 없는 것이다.
(개인적으로 뉴스를 노출할 수 있는 권력을 가진 다음이 차별화된 뉴스 노출 방식으로 대한민국 언론사의 발전보다는 자사의 이득을 챙기는 것으로 해석할 수 있다.)

초기에 카카오톡 채널을 통해 보여주는 뉴스 콘텐츠도 마찬가지로, 자사의 이득을 위한 노출 방식을 채택했다. 카카오 채널은 뉴스 콘텐츠 제휴 업체들의 콘텐츠로 구성되며, 다음 뉴스보다 더 많은 트래픽을 유발하기도 한다.

보통 콘텐츠 제휴 매체들의 기사 아래에는 언론사들의 홈페이지로 연결되는(아웃링크) 주요 뉴스 섹션이 있다. 하지만 한동안 카카오 채널 뉴스에는 관련 주요 뉴스가 빠져 있었다. 이는 언론사들에 트래픽을 나눠주기 싫은 카카오(다음)의 묘수 때문이다.

물론 기본 전재료와 광고비를 콘텐츠 제휴 매체에 지불하지만, 이런 카카오의 꼼수(?)는 뉴스 콘텐츠의 가치를 하락시키는 일환으로 작용할 수 있다.

한동안 포털 '다음'에서 '삼성전자'를 검색하면 콘텐츠 제휴사의 기사들이 먼저 나왔다. 그리고 한참 뒤로 밀린 뉴스 검색 제휴사들의 기사가 노출됐다. 검색 제휴사들이 삼성전자에 대한 특종이나 단독을 작성하더라도 가장 맨 뒤에 묻혀 볼 수 없을 정도였다.

알아 두면 쓸모 있는 소소한 언론 홍보 Tip

다음 뉴스 검색 알고리즘 변경에 폐업한 인터넷 언론사들

다음과 뉴스 검색 제휴를 한 대다수 인터넷 언론사의 핵심 수익은 네트워크 배너 광고이다. 배너 광고 수익을 올리기 위해서는 언론사를 방문하는 독자를 늘려야 한다. 한마디로 트래픽을 유발해야 하는 것이다.

이를 위해 언론사들은 실시간 검색어나 이슈 기사들을 작성해야 한다. 다음이 뉴스 검색 알고리즘을 변경하기 전에, 다음 뉴스 검색 제휴사 몇 곳은 이슈 키워드를 활용해 심층 기사나 연관된 다른 콘텐츠를 통해 기사를 상위 노출해 트래픽을 유발했다.

당시 기사 한 꼭지에 수천에서 수만 명이 클릭을 했다. 하지만 몇 년 전, 다음이 뉴스 검색 알고리즘을 변경한 후에 이들 언론사 몇 곳은 폐업을 했거나 경영 악화를 경험하고 있다. 네트워크 배너 광고에 모든 수익을 의존한 탓이기도 하다.

08

국내 포털
3등은?

올림픽 또는 어떤 대회든 3등까지 수상을 한다. 국내 대표 포털 3개를 꼽아 본다면 2000년대 중반까지만 해도 네이버와 다음, 그리고 네이트를 선택할 수 있다. 네이트는 포털로서의 역할에 충실하기 위해 많은 시도와 노력을 기울여왔음에도 불구하고 현재는 유명무실한 존재로 전락했다.

네이트는 결국 싸이월드와 분리되고, 네이트온 해킹 사례 등 다수의 악재로 인해 포털 변방으로 밀려난 것이라고 해석할 수 있다. 다만 네이트는 댓글에 민감한 스포츠, 연예, 판을 보는 특정한 사람들을 위한 공간이 됐다.

구글은 모바일 시대에 접어들면서 검색 점유율을 넓혀갔다. 네이트를 제친 지는 오래됐으나 아직 국내 검색 시장 점유율은 8%에 불과하다. (2017년 기준, 닐슨코리아)

또한 국내 많은 언론사들이 구글에 뉴스 콘텐츠를 전송하고 있으며, 검색 점유율을 확대하고 있지만, 구글을 통해 뉴스를 보는 이들은 극히 드물다. 기타 포털 줌(ZUM) 등도 구글과 마찬가지다.

뉴스를 검색하지 않는 포털, 네이트와 구글, 그리고 줌

네이트는 검색 창만 존재할 뿐 검색 결과는 포털 다음의 검색 결과를 보여준다. 네이트와 다음은 지난 2014년 1월, 검색 관련 제휴를 맺었다. 한마디로 네이트는 메인 홈페이지에서 보여주는 콘텐츠

이외에 내부 콘텐츠를 보여줄 수 있는 창이 없다.

구글은 모바일로 인해 국내 검색 점유율이 계속해서 높아지고 있지만, 네이버와 다음에 비해 뉴스 섹션 이용자 비율이 현저히 낮다.

통합 검색 창이 메인으로 노출되는 부분이 뉴스 섹션의 소외감을 이끈 큰 부분이기도 하다. 국내 언론사들의 트래픽을 분석해도 구글을 통해 들어오는 사용자는 미미한 수치이다. 줌은 검색 강화 등으로 노력은 하고 있지만, 전체 검색 점유율 2%(2017년, 코리안클릭 기준)를 간신히 유지하며 버티고 있다.

네이트와 구글 등의 플랫폼에 대한 온라인 언론 홍보 전략은 약간 달라야 한다. 네이트는 사용자들이 가장 많이 보는 판에 기사를 게재하는 것이 좋고, 구글은 웹 검색에서 뉴스 콘텐츠화가 되어 잘 보일 수 있도록 SEO(검색 엔진 최적화, Search Engine Optimization) 등에 신경을 써야 한다.

물론 구글의 뉴스 검색은 전문가들이 더 많은 검색 결과를 위해 활용하거나, 전 세계인들이 검색하는 공간이기 때문에 무시할 수 없는 부분이다.

알아 두면 쓸모 있는 소소한 언론 홍보 Tip

구글 AMP 기술은 국내 언론사에 어떤 영향을 미치나?

구글은 AMP 기술을 언론사, 출판, 쇼핑 등 거의 대다수 사이트에게 제공하고 있다. AMP 기술은 구글 모바일에서 해당 콘텐츠를 아주 빠르게 접속하게 만드는 기술이다. 구글은 AMP 기술을 적용한 언론사의 기사를 검색 시 우선적으로 보여준다고 알려져 있다.

한 네트워크 광고사 관계자는 한 국내 언론사가 AMP를 적용해 구글에서 일일 수십만의 모바일 트래픽을 발생시킨다고 필자에게 전했다. 구글 검색 시 콘텐츠 제목 아래 사이트 URL 앞에 번개 표시가 된 것이 AMP 기술을 적용한 사이트이다. 해당 콘텐츠를 클릭하면 접속 속도가 현저하게 빨라진다.

09

언론사의 파워는
포털에서 나온다

요즘 많은 사람들이 배달 음식을 시킬 때에 배달의 민족, 요기요 등 배달 애플리케이션에 접속해서 주문을 한다. 주문하고 싶은 음식점을 찾기가 쉽고, 번거롭게 전화하지 않아도 되는 등 주문이 쉽기 때문이다.

뉴스도 이와 같다. 여러 언론사의 기사를 볼 수 있는 포털에 접속해서 뉴스를 보는 비율이 높다. 단, 배달과 언론은 차이점이 있다. 배달 애플리케이션에서는 광고를 하거나 소비자에게 좋은 평점을 받으면 상위 노출이 된다. 하지만 언론사는 아무리 좋은 콘텐츠를 만들고, 소비자에게 좋은 평을 받아도 상위 노출이 될 수 없다. (2019년, 네이버가 각 미디어 지수를 평가해 노출 순위를 조정할 수 있다.) 물론, 광고는 허용하지 않는다. 그 이유는 무엇일까?

우선 한국에서는 10명 중 8명이 포털을 통해 뉴스를 접한다. 한

국언론진흥재단이 발간한 '디지털 뉴스 리포트 2017 한국' 보고서에 따르면, 한국에서 검색·뉴스 수집 플랫폼을 통해 주로 뉴스를 읽는다고 답한 비율은 77%에 달했다. 한국에서 언론사 홈페이지를 통해 뉴스를 읽는 이용자는 4%에 불과했다.

세계 36개 조사 대상국 가운데 꼴찌이며, 조사 대상국 평균(32%)의 8분의 1에 불과한 수치이다. 하위권인 프랑스(21%), 일본(16%)과 비교해도 매우 낮다. 네이버와 다음 등 포털로 뉴스를 보는 이용자가 많다는 의미다.

그만큼 포털이 가진 뉴스에 대한 영향력은 막강하다. 다른 의미로, 포털 메인에 뉴스를 공급하는 언론사가 그렇지 않는 언론사에 비해 더 많은 권력을 지니고 있다고 말할 수 있다.

현재 국내에 등록된 모든 언론사가 포털에 기사를 제공하지는 않는다. 포털 메인을 장식하는 언론사도 한정적이다. 기사를 검색할 때에 뉴스가 노출되는 매체가 되는 일은 특정한 평가를 통과해야 가능하다.

예전에는 포털에서 자의적으로 필요한 언론사와 계약을 맺고 콘텐츠를 노출하거나, 자체 평가를 통해 통과된 매체의 뉴스를 보여줬다. 오랫동안 네이버는 뉴스를 노출하는 언론사 수를 엄격히 제한했으며, 다음은 특정 요건을 갖추면 언론사의 기사 노출을 허락했다. 하지만 포털이 가진 권력에 대한 많은 언론사 관계자들의 반발로 지난 2015년 10월, '뉴스제휴평가위'가 설립됐다.

'뉴스제휴평가위'는 네이버와 카카오의 뉴스 제휴 서비스 심사

를 전담하는 평가위원회(상설기구)와 정책과 제도를 담당하는 운영위원회(비상설기구)로 구성됐다. 이후 뉴스제휴평가위는 포털의 '외부' 위원회로 출범해 언론의 포털 입점 평가 등의 업무를 담당해 왔다.

 또한 평가위원회는 새롭게 포털과 제휴하는 언론사를 심사해 제휴 여부, 기존 제휴 언론사의 계약 해지 판정 등을 결정하고, 광고성 기사와 선정적 기사의 판정 기준도 마련했다. 평가위원회는 언론 유관 단체 및 이용자 단체, 학계 및 전문가 단체 등 15개 단체에서 각각 2명씩 추천한 30명의 위원으로 구성돼 있다.

 '뉴스제휴평가위'의 등장은 한국 온라인 미디어 환경에 많은 변화를 가져왔다. 포털과의 계약 해지를 두려워한 언론사들은 어뷰징을 다소 줄였으며, 홈페이지 URL과 전화번호 등 기사 내 광고성 내용이 많이 사라졌다. 직접적인 광고성 기사에 대한 제약이 커진 것이다.

출범 초기에 뉴스평가위가 규정한 광고 기사에 대한 모호한 규정은 보도 자료 노출에 대한 제약도 가져왔다. 이에 홍보 회사들은 기사 노출에 대한 어려움을 겪어야 했다. 더불어 포털에 보도 자료를 노출할 수 있는 언론사들이 늘어났다. 기존보다 더 많은 언론사들이 네이버에 뉴스를 공급하기 시작했기 때문이다. 중소 매체들이 포털을 통한 수익 창출을 위해 다양한 시도를 하면서 단점도 많이 노출됐다.

뉴스평가위는 포털 뉴스 제휴 단계를 두고 평가하고 있다. 가령 네이버의 경우에는 뉴스 검색 제휴 통과 시에 뉴스스탠드 신청 자격이 주어지며, 뉴스스탠드 이후에는 뉴스콘텐츠 제휴(CP) 순으로 이뤄진다.

가장 영향력 있는 언론사의 단계는 모바일에서 독자가 구독할 수 있는 콘텐츠 제휴 언론사이다. 다음은 뉴스 검색 제휴와 뉴스 콘텐츠 제휴 2단계로 네이버보다는 다소 간단하다.

국내 온라인 미디어 환경의 변화는 언론 홍보 업무에 그고 작은 장단점을 가져왔다. 홍보 담당자들은 이런 환경에 적응하기 위해 다양한 방법을 시도했으며, 기존의 방식을 고수하던 홍보 회사들은 많은 어려움을 겪게 됐다.

알아 두면 쓸모 있는 소소한 언론 홍보 Tip

나도 언론사 대표가 될 수 있다?

누구나 사이트 하나만 있으면, 언론사를 만들 수 있는 시대이다. 다른 말로, 온라인 언론사인 '인터넷신문'을 운영하는 주인이 될 수 있다. 하지만 사이트를 구축하고 운영하는 단순한 비용 이외에 가장 많은 비용이 드는 부분이 콘텐츠(기사)를 제작하는 인건비다. 제대로 된 온라인 미디어의 1년 운영 비용은 기본적으로 수억 원이 발생한다. 필자도 온라인 미디어를 운영하면서 생각한 것보다 더 많은 비용이 드는 탓에 경영의 어려움을 겪었다. 최근 몇 년간, 암암리에 온라인 미디어를 사고파는 행위가 일어나고 있다. 예전에는 언론사를 사는 일이 어려웠지만, 요즘에는 재정적인 어려움을 겪고 있는 언론 사주들이 쉽게 미디어를 팔고 있다. 좋은 기사를 쓴다고 해서 많은 수익을 얻지 못한 탓이다. 필자가 미디어 관계자로부터 들은 바에 따르면, 주로 광고나 마케팅 회사들이 인터넷신문들을 인수하고 있다. 대형 언론사들은 자회사인 온라인 미디어를 팔기도 한다. 또한 재정적인 문제를 오랫동안 겪은 언론 사주들이 미디어 운영에서 손을 떼는 일이 발생하고 있다.

[스페셜 가이드 1] 포털 뉴스 검색에 최적화된 온라인 홍보 기사 작성

　온라인 시대에는 홍보 기사(보도 자료)가 온라인 뉴스에 게재되는 일보다 더 중요하게 여겨야 하는 것이 '포털 검색'이다. 일방적인 뉴스 소비 방식이 아닌 검색을 통한 뉴스 소비가 더 잦기 때문에 효과적인 홍보 기사는 '검색'에 최적화된 콘텐츠로 작성돼야 한다. 이때 네이버, 다음 등 주요 포털의 검색 서비스에 대한 기본적인 이해도를 가져야 한다. 단, 포털은 이슈에 따라 검색 알고리즘을 변경하는 탓에 매번 검색을 통해 알고리즘을 재확인할 필요가 있다.

■ 포털 뉴스 검색 로직의 비밀과 온라인 언론 홍보 활용법 1

① 포털 뉴스 검색 클러스터링 방식

　주요 포털에서 시행하는 클러스터링 방식(Clustering)은 특정 키워드를 검색했을 때, 관련된 뉴스를 자동으로 함께 묶어 제공하는 서비스다. 예를 들어, 같은 내용의 보도 자료를 바탕으로 10꼭지의 기사가 노출이 되더라도 3개 정도의 기사 제목만 보이고, '관련 뉴스 전체보기/더보기'를 클릭해야 모든 기사를 볼 수 있다.

활용법

　클러스터링 방식에 따라 같은 보도 자료를 기반으로 작성된 기사는 뉴스 검색 시 대략 3꼭지 정도만 메인에서 보이게 된다. 따라서 언론사에 보도 자료를 릴리즈해 배포할 경우에는 기자들이 다양한 시각으로 보도 자료를 작성할 수 있도록 추가적인 정보를 보도 자료 아래에 넣으면 좋다.

이는 각 매체나 기자의 특성에 맞게 보도 자료가 다양화게 기사화되고, 검색 시에 묶이지 않고 많은 기사가 노출될 수 있도록 도와준다. 예를 들어, A라는 회사가 B라는 제품의 신상품을 출시했다면 기존에 내놓은 B제품들에 대해 추가적으로 정보를 넣으면 B제품의 발전 방향 같은 기사를 볼 수 있다.

② 검색 키워드 우선순위

보통 포털의 뉴스 검색 키워드 우선순위는 제목, 부제목, 첫문장(리드), 본문 등의 순이다. 즉, 타깃 고객이 검색하는 키워드는 제목에 우선적으로 배치해야 한다. 그리고 부제목, 리드에 키워드가 들어가 있는 것이 좋다. 하지만 시간이 지나면 제목은 우선순위가 아니라 내용적인 측면으로 변경될 수 있다. 또한, 매체마다 부제목을 달지 않는 곳이 있기 때문에 타깃 고객에 맞는 검색 키워드를 리드에 우선적으로 넣는 것을 추천한다.

> 활용법

기업의 규모에 따라 보도 자료에 어떤 키워드를 메인으로 둘지를 고민해야 한다. 대형 기업은 기업 자체가 대중의 관심사이기 때문에 해당 기업명이 메인 키워드인 경우가 많다. 하지만 작은 기업은 그렇지 않다. 타깃 고객과 일치하는 키워드나 트렌드 키워드를 메인으로 해서 기사 제목과 본문을 작성하는 것이 좋다.

예를 들어, 헤어 드라이기를 만드는 중소 전자회사라면 '헤어드라이기'라는 키워드에 초점을 맞춰야 한다. 추가적으로 포털 검색 데이터를 추출해서 '가성비', '추천' 등의 다양한 키워드를 홍보 기사에 추가할 수 있다.

③ 매체별 검색 우선순위

2019년 2월 중순부터 포털 네이버는 각 언론사마다 광고, 콘텐츠 품질 등을 고려해서 뉴스 검색에 대해 우선순위를 시행한다고 밝혔다. 즉, 언론사마다 지수를 매겨 같은 콘텐츠라도 지수가 높은 언론사를 우선적으로 노출하도록 한 것이다. 뒤로가기 광고나 어뷰징 기사가 적은 언론사일수록 뉴스 검색 시 상위로 기사가 노출된다.

> 활용법

보도 자료를 관련 언론사 전부에 배포했을 때, 어떤 언론사에서 기사화가 될지는 예측이 불가능하다. 그리고 어떤 언론사가 품질 지수가 높은지는 기사가 노출돼야 알 수 있다. 이때는 자사나 경쟁사 기사가 노출된 언론사의 순위도를 계속해서 확인해 보고 품질이 높은 언론사와 집중 커뮤니케이션을 하는 것이 좋다. (유가 홍보를 진행할 경우에는 언론사 품질 지수를 어느 정도 예측할 수 있기 때문에 향후 언론 홍보 시 참고할 수 있다. 하지만 이에 대해 정확하게 진단하기는 어렵다.)

④ 검색보다 콘텐츠 제휴사 우선 노출

똑같은 키워드의 기사가 다수 노출될 때는 보통 뉴스 검색 제휴 언론사보다 콘텐츠 제휴사의 기사가 우선적으로 노출되는 편이다. 즉, 클러스터링 방식으로 묶이는 기사 중 맨 위에 오르는 기사가 콘텐츠 제휴사일 확률이 높다는 뜻이다. 일반적으로 포털 측은 가장 먼저 노출되는 기사가 상위로 올라간다고 말하지만, 콘텐츠 제휴 언론사의 기사가 맨 위에 노출되는 경향이 있다. 하지만 다른 우선순위도 있는 탓에 모든 기사가 이런 식으로 노출되지는 않는다.

> 활용법

보도 자료 기사는 내용에 따라 언론사나 기자마다 다르게 나온다. 많은 광고주들이 주관적인 시각이나 광고성이 짙은 문장을 보도 자료에 많이 첨가한다. 이때 콘텐츠 제휴사에 배포하는 보도 자료는 주관적인 시각이나 광고성이 있는 문장을 되도록 배제하는 것이 좋다. 기자들은 보통 보도 자료 수정을 통해 주관적인 시각의 문장을 수정 혹은 삭제하지만, 보도 자료에서 수정해야 할 내용이 많을 경우, 기사화를 기피하는 경향이 있다.

⑤ 키워드와 키워드의 결합, 단독 노출

특정 산업군에 속한 기업들은 타깃 고객이 가장 많이 검색하는 특정 키워드로 보도 자료를 작성해서 노출하고 싶어 한다. 이럴 경우, 클러스터링 방식에 따라 특정 키워드 검색 시에 기사들이 묶이는 경향이 있다.

> 활용법

　소비자가 가장 많이 찾는 특정 키워드를 추출해서 보도 자료를 작성할 때에는 다른 기업들과 다른 용어, 다른 문장 등을 통해 천편일률적인 기사 형태를 벗어나는 것이 좋다.
　보통 이벤트, 행사 같은 기사일 경우에는 거의 비슷한 내용들이 들어간다. 이때에는 홍보 기사에 경쟁 기업들과 다른 키워드를 추가로 삽입하면 단독 노출이나 클러스터링 기사 맨 위에 위치할 가능성이 높다.

PART 2
디지털 시대의 언론 홍보, 홍보와 광고는 무엇이 다른가

01
오프라인 언론 홍보와
디지털 언론 홍보

1997년의 언론 홍보

1993년도에 입사한 댄스전자 김홍보 대리는 1개월 후에 출시되는 새로운 폴더 휴대폰을 홍보하는 업무를 맡게 됐다. 댄스전자의 사회공헌 PR을 맡았던 김 대리가 신제품을 홍보하는 것은 이번이 처음이다.

김 대리는 먼저 지난 휴대폰 출시 때 작성했던 보도 자료 이외에 신문사, 잡지사 등에 게재된 출시 기사를 확인했다. 또한 경쟁사의 신형 휴대폰 기사 자료도 수집해서 검토했다. 자사와 경쟁사의 기사를 확인하면서 기사에 반드시 들어가야 할 부분과 좋은 부분을 체크한 후 필요한 내용을 적었다.

신제품의 스펙(사양)에 대한 최종적인 자료는 1주일에 후에 개발 부서로부터 받기로 했다. 자료를 받기 전까지 시간이 남은 김 대리는 기존에 정리된 언론사들의 팩스 주소, 기자명, 연락처 등을 꼼꼼하게 미리 확인했다. 언론사에 연락해서 팩스 주소를 확인하고, 전자산업 담당 기자들의 성함과 연락처가 변경됐는지 다시 한 번 체크했다.

이번 신형 휴대폰에 대한 스펙을 넘겨받은 김 대리는 신제품에 대한 핵심적인 기능과 디자인, 특징 등을 체크해서 리스트를 작성했다. 이해하기 어려운 용어는 개발 부서에 일일이 확인하고 물어봤다.

김 대리는 1차 보도 자료를 작성하고, 상관인 이 부장에게 자료를 넘겼다. 이 부장은 수정할 부분을 체크하고, 보도 자료를 담당 임원과 사장의 최종 확인을 받아 김 대리에게 진달했다.

김 대리는 기자들이 질문했을 때, 신속하고 정확하게 답변하기 위해 신제품에 대한 궁금한 사항을 Q&A로 정리했다. 김 대리는 본인이 이해하기 어려운 전문적인 용어에 대해서는 개발 부서 담당자를 만나 물어봤고, 이를 토대로 신제품에 대한 Q&A의 완성도를 높였다.

이번에는 신제품에 대한 기자 간담회를 열지 않는 탓에 보도 자료 배포에 평소보다 더 신경을 쓰라는 임원진의 지시가 있었다. 김 대리는 걱정이 됐다. 지역지부터 전문지, 종합지, 방송국 등 모든 기자들의 연락처를 다시 한 번 꼼꼼하게 살폈다.

신제품 출시를 하루 앞두고 김 대리는 모든 언론사들에 신제품 출시 보도 자료를 보냈다. 그리고 모든 팀원들이 각자 자신이 맡고 있는 담당 언론사들과 기자들에게 유선으로 신제품 출시와 관련해서 자세히 설명을 했다.

김 대리는 일간지 기자들과 직접 약속을 잡고, 보도 자료를 건네주고, 신제품에 대한 설명을 열성적으로 했다.

일주일 후, 신제품에 대한 기사가 신문사, 잡지 등 총 30곳 이상의 지면에 게재됐다. 방송사 1곳에서도 취재를 해서 1분가량 방송 뉴스에 노출되기도 했다. 김 대리와 회사 차원에서는 성공적인 홍보였다고 평했다.

회사 마케팅 담당 이사는 김 대리가 작성한 보도 자료를 기본으로 한 팸플릿을 제작해서 모든 영업점에 배포하라는 지시를 내렸다.

2017년의 언론 홍보

댄스전자 휴대폰 사업부의 홍보를 맡고 있는 댄스홍보 대행사 소속 이홍대 과장은 이번 댄스전자 스마트폰 신제품 출시를 앞두고 홍보 보도 자료를 준비하는 역할을 맡았다. 이 과장은 스마트폰 신제품에 대한 홍보만 10번이 넘게 진행한 경력이 있다.

김 과장은 댄스전자 홍보팀으로부터 신제품에 대한 모든 정보를 받았다. 그는 보도 자료에 대한 기본적인 기획을 잡고, 신제품에 대한 콘셉트 등 모든 자료를 검토한 후에 보도 자료를 작성해서 댄스전자 홍보팀에 보냈다. 댄스전자 홍보팀은 최종 보도 자료를 확인하고, 신제품에 대한 사진을 전달했다.

이 과장은 팀원들에게 모든 언론사들과 담당 기자, 이메일 주소, 연락처 등을 확인하라고 지시했다. 또한 경쟁사의 신제품 기사가 언제 나왔고, 어떤 부분에 대해 기자들이 문제 제기를 했는지를 체크리스트로 작성했다. 그리고 체크리스트에 작성된 내용을 Q&A 자료로 만들었다.

스마트폰이 출시되는 날, 영상 광고부터 블로그, 보도 자료 등 전체적으로 광고와 홍보가 시작됐다. 이 과장 팀은 모든 담당 기자들에게 신제품 출시 보도 자료 이메일과 문자를 보냈다. 주요 언론사는 따로 구분해서 담당 기자들에게 직접 휴대전화로 연락을 했으며, 이 과장이 사전에 만나 티미팅을 가졌다.

신제품 출시 기사는 신문사, 인터넷 매체 등 100여 곳에 게재됐다. 포털 메인에도 2번이나 노출됐다. 페이스북, 인스타그램, 블로그 등에도 해당 기사와 사진들이 퍼졌다. 경쟁사 제품과 비교하는 기획 기사들도 10꼭지 정도 나왔다. 블로그 등 바이럴 마케팅팀과 비교해도 성공적인 언론 홍보였다.

02

언론 홍보는
최고의 홍보(PR)
수단이 아니다?

온라인 시대에 접어들면서 언론 홍보는 가장 강력한 홍보 수단이라는 타이틀을 SNS와 블로그 등에 빼앗겼다. 온라인이 오프라인의 최대 약점인 한계성을 뛰어넘은 탓이다. 언론사도 그들이 가지고 있는 권력을 SNS와 블로그, 유튜브 등과 같은 다양한 채널에 뺏기고 있는 상황이다.

과거에는 홍보를 할 수 있는 매체가 한정적이었다. 언론사(오프라인 지면, 방송)나 오프라인 협찬, 전단지 등에 국한됐다. 이 때문에 언론 홍보는 가장 강력한 홍보 수단이었으며, 거의 전부라고 해도 무방했다.

하지만, 온라인의 다양한 채널을 통해 대중과 소통을 하고 메시지를 전달하는 방법이 다양해지면서 언론 홍보는 다양한 홍보 채널 중 하나로 전락했다. 물론, 언론 홍보가 가지고 있는 영향력은 아직도 대단할 때가 많다.

특히 국내에서는 포털 메인에 언론사의 기사들이 노출되고 있고, 대중은 검색이라는 기능을 통해 관심사를 검색하기 때문에 많은 기사가 게재되는 것은 엄청난 홍보 효과가 있다. 광고보다 더 저렴한 금액으로 더 많은 사람들에게 알릴 수 있는, 홍보가 지닌 큰 장점을 더 극대화시킬 수 있는 것이다.

과거에는 언론 홍보가 극소수 언론사와 오프라인 지면의 한계성으로 대기업·정부기관 등에 국한될 수밖에 없었다. 하지만 온라인의 등장은 벤처·중소 같은 작은 기업들에게 언론 홍보를 할 수 있는 기회를 주고 있다.

온라인 시대의 언론 홍보는 장점만큼 단점도 적지 않다. 무수한 정보와의 싸움에서 우위를 점할 수 있는 콘텐츠를 제작해서 이겨야 하기 때문에 홍보 담당자들의 고민이 갈수록 깊어진다. 그리고 기업 관계자들이 생각하는 언론 홍보의 눈높이가 높아진 탓에 그들을 충족시키기 위해서는 기존보다 더 많은 언론사에 홍보 기사를 게재해야 한다.

언론 홍보 방법 등의 기본 과정은 과거와 비슷하지만, 현재는 방법과 결과에 대한 평가가 달라졌다. 또한, 언론 홍보는 최고의 홍보 수단이 아니라, 많은 홍보 방법 중의 하나일 뿐이다.

기본적으로는 광고와 달리 홍보가 판매 촉진(이익 창출)의 큰 역할을 담당하고 있지는 않지만, 온라인 시대에는 홍보를 통해 즉각적인 이익 창출도 꾀하고 있다. 과거 오프라인 시대 때보다 홍보를 통해 더 많은 대중에게 콘텐츠를 노출할 수 있는 시대가 됐기 때문이다.

03
언론 홍보가 광고가
될 수 있는 이유

우리는 종종 신문 지면이나 온라인 신문사 등 공식 언론사가 아닌 곳에서 뉴스를 접하기도 한다. 블로그, SNS(페이스북, 인스타그램 등), 커뮤니티(카페, 사이트) 등 다양한 곳에서 지인들, 전문가, 또는 한 번도 대면하지 않는 사람들이 추천하는 뉴스를 접한다.

온라인 시대에 접어들면서 뉴스는 신문사의 지면이나 사이트에만 갇혀 있는 게 아니라, URL이나 본문 복사, 캡처, 공유 등을 통해 다양한 플랫폼에서 노출이 되고 있다. 이런 점은 온라인 뉴스가 가진 최대 장점 중 하나인 확장성이라고 말할 수 있다. 다시 말해, 온라인 홍보는 단순하게 특정 사이트 한 곳에 머무는 형태가 아니라, 여러 곳으로 자의적이나 타의적으로 확산될 수 있는 기회가 많다는 것을 방증한다.

언론 홍보는 대부분 매출에 직접적인 영향을 끼치는 마케팅 활동 행위가 아니다. 하지만, 온라인은 언론 홍보가 가진 매출 영향력을 더욱 확대했다. 기사를 통해 인지를 하고, 누구나 인터넷이 가능한 어떤 곳에서든지 제품 구매나 서비스 이용을 결정할 수 있다.

즉, 지금의 언론 홍보는 기업이나 제품 등의 이미지 제고 활동을 하는 기본적인 의미를 넘어 광고의 기능으로도 활용이 가능하다. 하지만, 보통 언론사에 노출될 수 있는 기사는 광고성이 낮은 콘텐츠로, 언론 홍보는 광고가 일으키는 직접성보다는 낮을 수 있다. 물론, 언론 홍보는 광고보다 100배 이상의 낮은 가격으로 더 많은 효과를 누릴 수 있다는 큰 특징이 있다.

기사를 온라인 광고 형태로 활용하는 방법에는 몇 가지가 있다. 인터넷 시대에 접어들면서 많은 기업들이 이 방법을 사용했으며, 현재는 더 다양한 방법으로 발전했다.

(1) 기사의 공유, "좋은 소식은 널리 널리 알려라!"

일단, 기사가 광고가 되기 위해서는 기사화가 되는 것이 첫 단계다. 해당 기사는 임팩트가 있어야 하며, 소비자들이 구매나 서비스 등을 이용할 수 있는 행동에 영향을 미칠 수 있어야 한다.

기업의 상품이나 서비스가 해외 유수한 기관에서 수상을 받았거나, 셀러브리티(스타, 정치인 등)가 사용하거나, 기능과 혜택 등의 기사가 쇼킹하거나 등 그 내용은 다양할 수 있다.

보도 자료 등을 통해 위에 언급한 내용들이 기사화가 됐다면, 기본적으로 해당 기사 캡처 등을 기업의 홈페이지 메인에 배너, 섹션 등으로 표시할 수 있다. 또한 공식 블로그 등 다양한 채널에 해당 기사를 공유하고 알릴 수 있다.

이 외에도 타깃 고객이 있는 커뮤니티 등에 게재가 가능하다. 옛말처럼 '좋은 소식은 널리 알릴수록 좋은 법'이다. 여기까지는 금전적으로 전혀 돈이 들지 않는다.

(2) SNS 광고 활용, "소비자가 찾길 기다리지 말고 찾아가라!"

온라인 시대는 기사를 일방적으로 보는 시대가 아니라, 검색이라는 기능을 통해 찾아보는 시대이다. 하지만, 소비자들이 자신의 기업이나 제품에 대한 기사를 찾아서 보기까지는 많은 시간이 걸리거나, 다른 기사나 콘텐츠에 밀려서 보이지 않을 수도 있다. 이때에는 페이스북이나 인스타그램 등 SNS에서 제공하는 광고 기능을 활용해서 독자에게 기사를 보여줄 수 있다. A라는 언론사나 포털에 게재된 홍보 기사를 SNS에서 제공하는 광고 기능을 통해 타깃 고객에게 노출할 수 있는 것이다.

노출 범위는 금액에 따라 달라지며, 연령대나 지역 등을 설정해서 타깃 고객을 더 세분화할 수 있다. 이러한 경우에는 담당자가 원 제목이 아닌 매력적인 기사 제목이나 이미지로 바꿀 수 있으며, 그에 따라 기사를 보는 사람의 숫자가 달라진다.

언론사 기사를 SNS에서 광고하면 다양한 장점이 있다. 우선 서버 비용에 대한 걱정이 없어진다. 보통 언론사나 포털은 서버 용량이 일반 기업 홈페이지보다 더 크기 때문에 페이지 로딩 속도가 느려지거나 닫히는 경우가 없다.

또한 언론사 기사로 광고하기 때문에 블로그에 콘텐츠를 게재해 광고하는 것보다 더 높은 신뢰를 줄 수 있다. 다시 말해 SNS에서 광고를 하더라도 기사 링크를 공유하는 행위는 광고라는 인식보다는 기사라는 인식으로 소비자의 클릭률을 더 유발할 수 있다. 보통 광고라는 인식의 콘텐츠는 소비자가 기피하는 경향이 있다.

(3) 기사형 광고, "기사도 광고를 할 수 있다!"

PC나 모바일로 뉴스를 볼 때 기사 우측이나 하단에 기사 형태의 광고를 볼 수 있다. 이런 콘텐츠 형태의 광고도 있지만, 기사 자체를 활용하는 광고 플랫폼도 이용 가능하다. 이는 신뢰도나 효율성

으로 따져볼 수 있다. 당장 소비자가 온라인을 통한 구매 행동을 취할 필요가 없다면, 기사를 기사 형태로 노출하는 광고를 추천한다.

이런 광고는 SNS에서 광고를 집행하는 것보다 비용이 더 많이 발생할 수는 있지만, 기사를 보는 행위에 따른 비용 지불이기 때문에 실패하지 않는 광고이다.

텐핑, 애드픽 등 보상형 광고 플랫폼을 사용해서 사용자들이 자신의 블로그나 커뮤니티, SNS에 해당 기사를 소개하고 게재하게 해서 기사를 보게 하는 방법 등도 기사형 광고이다.

이런 광고 형태는 작은 기업이 시도하기에 적절치가 않다. 광고만큼 많은 비용이 소요되며, 큰 반향을 일으킬 수 있는 기사가 아니라면 효과가 미미할 수 있다. 하지만 큰 기업은 다르다. 누구나 알고 있는 기업이나 오프라인 구매 행위가 큰 제품은 마중물처럼 조금만 물꼬를 터준다면, 일파만파 커져서 엄청난 효과를 불러올 수 있다.

예를 들어 A사가 신제품으로 내놓은 청소기, 스마트폰 등이 가진 특수한 기능에 대한 궁금증을 유발하는 콘텐츠는 소비자들에게 큰 영향을 미칠 수 있다.

홍보 담당자들은 기사를 기획하고 언론사에 배포해 게재하는 행위도 중요하게 생각해야 하지만, 전체적인 마케팅 차원에서 해당 기사를 다양하게 활용하는 방법도 알아야 한다.

04
돈으로
사는 뉴스

"돈만 주면 뉴스를 낼 수 있다고?"
"어디 동네 누구 아들이 신문에 나왔다며?"
"저번에 뉴스에 나왔던 ○○ 회사에 다닙니다."

예전에는 신문이나 방송에 기업이나 특정 인물 등이 나오면, 엄청난 화제였다. 미디어에 노출된다는 것 자체가 부정적인 사건 말고는 '가문의 영광' 같은 좋은 일인 것이다. 요즘에는 예전만큼 언론에 소개되는 일이 대단하지는 않다. (하지만 여전히 많은 사람들이 미디어에 소개되는 것을 대단한 일로 여기고 있다.)

이런 영광은 온라인 매체의 등장으로 점점 시들해져 갔다. 물론 아직도 방송 출연은 영광스런 일 중의 하나로 여길 수는 있다. 하지만, 언론사 (인터넷) 뉴스에 소개되는 일은 이제 적은 돈으로도 누구

나 할 수 있다.

즉, 요즘은 예전보다 훨씬 더 저렴한 비용으로 기업이 원하는 뉴스를 노출할 수 있는 시대가 된 것이다.

기존의 언론 홍보를 간단하게 설명하자면, 기업이나 기관 등이 가진 매력적인 소재들을 보도 자료로 제작한 후에 미디어나 기자와의 커뮤니케이션을 통해 뉴스화를 시키는 작업이라고 말할 수 있다.

즉, 기획과 글쓰기, 미디어와의 관계 등을 포함한 '커뮤니케이션' 역할이 중요했다. 예전에는 좋은 소재가 있더라도 커뮤니케이션이 좋지 않으면 기사화가 불가능했던 것이다.

이제는 어떤 기사라 하더라도 저렴한 금액으로 언론에 기사 노출이 가능하다. 업계에서는 일명 '뉴스 전재료/유가PR'이라고 지칭한다. 유가PR 대행사를 통해 특정 미디어를 지정해서 기사를 게재할 수 있는 것이다.

단, 오프라인 지면에 기사를 게재하는 것은 온라인에 뉴스를 노출하는 것보다 몇 배는 더 비싸다. 그렇지만 불가능한 일은 아니다.

인터넷 검색을 통해서도 유가PR 대행사를 충분히 찾을 수 있다. 적게는 10만 원대부터 40만 원대까지 기사 노출 비용은 인지도나 포털 계약 순위 등에 따라 다양하다. 대다수 언론사들은 유가PR 대행사들과 계약을 맺고, 기사 노출을 통해 수익을 올리고 있다. 다시 말해 기사 광고 수익이라고 설명할 수 있다.

이런 유가PR은 애드버토리얼(Aadvertorial, 광고를 기사 형태로 싣는 것)과는 차이가 있다. 광고적인 내용이 짙은 기사보다는 일반적인 기사(보도자료) 형태만 노출할 수 있기 때문이다. 포털이나 뉴스평가위원회는 규정으로 단순 보도자료 노출을 규제하고 있다. 광고성이 짙은 내용이나 URL, 전화번호 등이 게재된 기사는 현재 제재 대상이 된다.

언론사들은 유가PR에 대해 기본적인 언론 윤리를 두고 있다. 언론사마다 뉴스가 될 수 없는 보도 자료나 광고성이 짙은 내용, 사실을 입증할 수 없는 내용 등이 있는 보도 자료는 노출 제한을 두고 있다. 또한 의료, 금융 등 광고에 대한 제재가 높은 기사에 대해서는 더 엄격하게 검토를 하거나 노출시키지 않는다.

알아 두면 쓸모 있는 소소한 언론 홍보 Tip

언론사와 월 단위 계약을 하는 홍보 대행사

과거 일반 홍보 대행사들 중 일부는 특정 언론사들과 월 단위 계약을 맺고 보도 자료 노출을 약속했다. 그 당시에는 이런 계약이 거의 비밀로 부쳐졌다. 간단히 설명하자면, 월 100건의 보도 자료 노출을 약속하고 금액을 지불하는 것이다. 미디어 입장에서는 평소대로 보도 자료를 노출하는 것뿐이고, 홍보 대행사 입장에서는 수많은 광고주의 기사를 하나도 빠뜨림 없이 100% 노출할 수 있다. 서로 윈-윈하는 전략인 셈이다.

매일 이메일로 받는 많은 보도 자료 중에서 기자들은 1차적으로 기사 가치가 있다고 생각하는 보도 자료 위주로 기사를 작성하지만, 이럴 경우에는 계약이 된 홍보 대행사의 보도 자료 노출을 우선으로 한다. 이런 식으로 미디어와 기사 노출 월 계약을 맺고, 급속도로 성장한 홍보 대행사를 본 적이 있다. 다른 홍보 대행사보다 홍보비도 저렴하고, 보도 자료 노출에 대한 고민이 적다는 장점으로 영업을 확장한 것이다.

일반 홍보 대행사들이 보도 자료 100% 노출에 대한 약속을 하지 못하는 반면, 해당 대행사들은 최소 몇 건의 노출을 보장하기 때문에, 기업 입장에서는 큰 이점으로 보는 것이다. 또한 이외에도 블로그 등 다양한 온라인 홍보에 관한 패키지 상품으로 기업 홍보 전반을 다룰 수 있다는 점도 해당 홍보 대행사가 크게 성장할 수 있는 이점으로 작용했다.

05

어떤 언론사의
지면을 살 것인가?

"기사를 C일보에 노출할 것인가, M경제지에 노출할 것인가?" 기업, 기관 등 누구나 유가PR를 통해 언론사에 기사를 노출할 수 있는 시대에 어떤 미디어에 기사를 노출해야 할까?

소규모 기업 입장에서는 포털에 자사의 기사 노출이 되는 것에만 의의를 둘 수도 있지만, 소재에 따라, 언론사의 인지도에 따라 노출을 결정할 수 있다. 언론사를 인지도, 노출 범위 등에 분류하면 다음과 같다.

(1) 일반 인터넷 미디어_포털 뉴스 검색 제휴사

네이버, 다음 등 포털에 뉴스를 공급하는 일반 인터넷 미디어가 있다. 인터넷 시대가 시작되면서 탄생한 언론사로 기자의 수는 적으며, 온라인 광고 수익에 의존하고 있다. 그만큼 수익성이 좋지 않으며, 배너 광고 등이 많이 노출되어 기사를 제대로 읽기 힘들 수도 있다. 유가PR 가격도 가장 저렴한 편에 속하며, 소규모 기업 기사나 중요치 않은 단순 기사를 노출할 때 추천한다.

(2) 일반 신문사, 지역지, 잡지, 전문지_포털 뉴스 검색 제휴사 혹은 네이버 뉴스스탠드 미디어

일반 인터넷 미디어가 온라인에만 기사를 게재한다면, 일반 신문사들은 지면을 소유하면서 포털 등에 기사를 제공하는 언론사로 국한할 수 있다. 지면의 영향력은 약하나 언론사의 이름을 인지하고 있는 사람들이 어느 정도 존재한다.

해당 분류에는 소규모 경제지가 많으며, 일반 인터넷 미디어보다 유가PR 가격은 조금 더 비싼 편이다. 중견기업, 코스닥 상장기업이나 기사 내용을 제대로 전달해야 하는 보도 자료를 노출할 때 선택할 수 있다.

(3) 통신사, 방송사, IT미디어, 주간지 등_포털 뉴스 콘텐츠 제휴사

온라인에서 통신사나 방송사의 역할이 큰 편은 아니다. 온라인 정보 공유는 통신사가 지역지나 각 언론사에서 제공했던 신속한 정보 전달의 기능을 잠식시켰다. 방송사도 온라인에서는 단순 인터넷 미디어 중 하나인 셈이다.

하지만, 유명 통신사나 방송사 등은 포털과 뉴스 콘텐츠 제휴사

로 입점했기 때문에 포털 뉴스 섹션 내에서 기사를 제공하며, 뉴스에 대한 신뢰를 높일 수 있다. 신규 기업이나 주목받을 만한 기사를 노출하는 기업들이 이용하면 좋다.

(4) 경제지, 일간지_ 포털 뉴스 콘텐츠 제휴사

일간지나 유명 경제 신문사는 대중에게 이름은 잘 알려져 있으나, 유가PR 서비스를 하지 않는 미디어들이 상대적으로 많은 편이다. 포털 내 기사 노출로 신뢰도가 상당히 높으며, 기사 검색에 대한 노출도도 검색 제휴사보다 좋다.

신문사에 따라 선호하는 독자층이 다르기 때문에 자신의 독자가 선호하는 언론사가 있을 때 기사를 노출하는 것을 추천한다. 또한,

코스닥이나 코스피 상장사들은 HTS(홈트레이딩시스템)에 기사를 제공하는 경제지를 전략적으로 선택 노출하면 된다.

(5) 중앙지, 유명 경제지_ 포털 뉴스 콘텐츠 제휴사

대중은 포털에서 기사를 볼 때 언론사의 이름을 잘 확인하지 않는 특징이 있지만, 독자나 소비자들에게 언론사의 이름은 기사의 신뢰도를 측정하는 지표가 된다.

중앙지나 유명 경제지에 기사를 노출하는 것은 까다롭지만 불가능한 것은 아니다. 뉴스 소재가 정확하다면 노출이 가능하다. 유가PR을 할 때 가장 비싼 편에 속하지만, 신뢰도를 가장 우선시하는 소비자를 지닌 기업 등이 이용하기를 추천한다.

보도 자료에 따라 어떤 언론사에 기사를 노출할 지는 고민해 봐야 한다. 같은 보도 자료를 여러 언론사에 노출할 때는 포털 뉴스 검색 제휴사와 콘텐츠 제휴사를 적절하게 선택해서 노출하는 것도 좋다.

06

돈을 주고 노출한 홍보 기사는 과연 합법일까?

"표지모델·홍보 기사 실어 달라"…돈 준 OO시의원 집행유예
(연합뉴스 2018년 10월 11일)

"정부, 탈원전 홍보 기사 위해 언론에 3억4000만원 줘" (한국일보 2018년 10월 11일)

신문사 계좌로 홍보비 받고 기사 내준 편집국장…"청탁금지법 위반으로 볼 수 없다" (법률신문 2018년 10월 4일)

"분양 홍보 대가" 금품 주고받은 기자 무더기 검찰 송치 (뉴시스 2018년 06월 29일)

일반 광고는 언론 홍보보다 설득력이 떨어진다. 언론 홍보는 광

고와 달리 스쳐 지나가는 이미지가 아니라, 다양한 근거를 제시해 대중을 설득할 수 있는 텍스트이기 때문이다.

　이러한 이유로 기업뿐만 아니라 정부 기관도 광고보다는 언론 홍보를 중시하는 경향이 있다. 더불어 광고는 돈의 대가로 지불하는 수단이지만, 언론 홍보는 담당자의 공을 부각시킬 수 있는 실적으로 비쳐진다.

　예로부터 정부기관과 기업은 언론사에 광고를 집행하며, 이들의 보도 자료와 유리한 기사들이 노출될 수 있도록 언론사(기자)들과 꾸준하면서도 호의적인 커뮤니케이션을 실시했다.

　모든 언론사들이 광고비를 받는다고 해서 잘못된 사실을 긍정적으로 보도하는 것은 아니다. 언론사들의 재량에 따라 다르다. 하지만, 악어와 악어새처럼 언론사들은 광고 수익을 위해 기업과 정부기관을 위한 기획 홍보 기사를 작성하기도 했다.

　이러한 사실들은 포털 검색만 해봐도 알 수 있다. 무수한 기사들이 정부와 기업들이 홍보 기사를 대가로 거래를 하고 있다고 말하고 있다. 이는 법적으로도 모호한 부분으로, 기업/기관과 언론사의 거래는 불법으로 치부하지는 않는다.

　단, 선거에 관련된 홍보성 기사는 공직선거법에 따라 불법으로 처벌을 받을 수 있다. 실제로 한 지역의원이 홍보 기사를 대가로 지역 잡지에 금품(돈)을 지불해 벌금을 선고 받았고, 지역 잡지 대표와 주필은 집행유예를 받았다.

기업/기관과 개인(기자) 간 홍보 기사를 대가로 금품을 제공할 경우에는 불법이다. 부정청탁 및 금품 등의 수수 금지에 관한 법률 위반 혐의가 적용되며, 처벌을 받을 수 있다.

아파트 홍보를 대가로 금품을 주고받은 건설사 임원과 기자들이 검찰에 송치되는 등 다양한 사례가 있다. 예전부터 기업이 밀접한 관계성을 목적으로 기자들에게 용돈 격으로 돈을 주는 일들은 암암리에 성행했다.

그런데 금품을 받고 유리한 홍보 기사를 작성하더라도 처벌을 면하는 경우가 있다. 2018년 10월 4일 법률신문이 보도한 기사에 따르면, 기자가 기업으로부터 청탁을 받고 유리한 기사를 써줬더라도 금품을 수수한 주체가 개인이 아닌 언론사였다면 청탁금지법 위반으로 처벌할 수 없다는 판결이 나왔다.

배임 수재, 부정 청탁 및 금품 등의 수수 금지에 관한 법률 등을 위반한 혐의로 기소된 S신문사의 편집국장 A씨는 무죄를 선고받았다(2018고단887).

현행 청탁금지법 제8조 1항은 '공직자 등은 직무 관련 여부 및 기부·후원·증여 등 그 명목에 관계없이 동일인으로부터 1회에 100만 원 또는 매 회계연도에 300만 원을 초과하는 금품 등을 받거나 요구 또는 약속해서는 안 된다'고 규정하고 있다.

즉, 청탁금지법상 '금품 등 수수 금지 의무'가 적용되는 대상은 언론사의 대표·임직원이지 기업인이나 언론사는 포함되지 않는다. 기업에게 유리한 홍보 기사를 써준 대가로 준 돈은 업체들의

'광고비 내지 후원금'으로 해석되기 때문이다.

　미국과 영국 같은 선진국은 정부가 홍보 기사로 광고비를 집행하는 것을 금하고 있다. 미국 정부의 공익 광고를 전담하는 미국광고협의회는 비정파성, 정책 설득성 배제 등을 공익 광고의 핵심 요건으로 명시했다.
　영국 정부의 가이드라인에 따르면 공익 광고는 긍정적인 행동을 유발하고, 생명을 구하며, 국가의 보건 수준을 높이는데 기여해야 한다. 단, 네이티브 애드 같은 기사성 광고를 '광고'라고 표시해서 집행한다고 알려져 있다.

　요약하자면, 현재 광고를 통해 유리한 기사가 노출되도록 유도하는 홍보 담당자의 커뮤니케이션이 무용지물이 될 수도 있다.
　귀찮은 커뮤니케이션이 사라지고, 돈을 받고 보도 기사를 기획, 유리한 기사가 노출될 수 있도록 하는 관행이 이뤄지고 있기 때문이다. 광고는 '덤'으로 전락한 것이다. 요즘 신문 구독률 등이 떨어지면서 신문 광고가 비용 대비 큰 효과를 주지 않는 것도 한몫을 담당한다.

알아 두면 쓸모 있는 소소한 언론 홍보 Tip

월 단위로 계약하는 유가PR

유가PR을 전문으로 하는 홍보 대행사들은 각 언론사들에 미리 돈을 지불하고 저렴한 가격대로 1차 홍보 대행을 한다. 단, 월이나 숫자로 기간 등을 정하기 때문에 고정적으로 노출할 보도 자료가 많아야 한다.

예를 들어, 1개월간 100건의 보도 자료 노출 계약을 하고, 기사당 10만 원의 지불을 약속했다면, 이 대행사는 2차 홍보 대행사에게 15만 원의 돈을 받고 보도 자료를 해당 언론사에 노출한다. 해당 언론사의 시장 가격은 20만 원으로, 2차 대행사는 기업에게 20만 원의 보도 자료 노출 비용을 받는 구조다. 이때 1차 홍보 대행사는 저렴한 가격만큼이나 월에 100건의 보도 자료를 노출하지 못하면 적자를 볼 수도 있다. 적자를 면하기 위해서 1차 홍보 대행사는 여러 곳의 홍보 업체 및 기업과 손을 잡고 보도 자료를 노출하는 영업을 한다.

보통 언론사들은 1차 유가PR 홍보 대행사를 1개 혹은 3개 이상 두지 않고 있으며, 1차 홍보 대행사들이 영업을 확대하길 원한다. 또한 1차 홍보 대행사들은 해당 언론사의 보도 자료 노출 가격이 떨어지는 것을 조율하기도 한다. 특정 언론사는 직접적으로 유가 보도 자료를 전혀 하지 않으며, 무조건 고정으로 계약된 1차 유가PR 홍보 대행사를 통해 모든 업무를 진행하기도 한다.

[스페셜 가이드 2] 포털 검색(광고) 키워드 데이터를 활용한 온라인 언론 홍보 방법

과거에는 보도 자료(홍보 기사)를 열독률이 높은 언론사나 기업의 산업과 관련이 있는 전문지에 게재하는 것이 효과적인 언론 홍보라고 할 수 있었다. 그러나 온라인 시대에는 그렇지 않다. 특정 언론사 게재보다는 타깃 고객이 포털 검색을 할 때 최대한 홍보 기사 노출이 많이 되는 언론 홍보가 더 중요하게 된 것이다.

이를 위해서는 포털 검색 키워드 같은 온라인 데이터를 활용해서 타깃 고객 노출 확대를 위한 키워드를 추출해서 언론 홍보를 해야 한다. 가상의 사례를 통해 구체적으로 한번 살펴보자.

* 가상 상황

가정용 뷰티 디바이스가 인기를 끌면서 LED마스크 판매율이 점점 높아지고 있다. 현재 대기업과 초기 시장 진입 기업이 LED마스크 시장 점유율 80%를 차지하고 있는 가운데 후발 주자인 LED마스크 중소기업인 'ABC(가칭)'를 효율적으로 온라인 언론 홍보해야 한다.

* 가상 조건
- ABC기업은 키워드 광고에 월 200만 원을 집행하고 있다.
- ABC기업은 네트워크 광고에 월 200만 원을 집행하고 있다.
- ABC기업은 SNS, 블로그 등 바이럴 마케팅에 월 100만 원을 집행하고 있다.
- ABC기업은 LED마스크 론칭 이후 한번도 언론 홍보를 한 적이 없다.

- ABC기업은 온라인 언론 홍보를 통해 브랜딩보다는 즉각적인 매출을 위한 판매에 대한 효과를 얻고 싶어 한다.

온라인 언론 홍보 순서

① 포털에서 LED마스크 뉴스 검색
　　LED마스크 관련 중견 및 대기업의 기사들이 포털 뉴스 섹션 첫 페이지를 대다수 차지하고 있다. ABC기업이 LED마스크 키워드로 보도자료를 노출하더라도 하루가 지나면 기사가 밑으로 내려가서 보이지 않을 가능성이 높다. (ABC기업은 매주 언론 홍보에 대한 예산을 설정하지 않음.)

② 포털(네이버) 트렌드, 키워드 광고 솔루션을 사용해서 LED마스크 키워드 추출
　　월간 키워드 검색 보고서에 따르면, LED마스크가 가장 많은 검색률을 차지, 이후 대대적으로 TV CF, 온오프라인 광고 등을 집행하고 있는 큰 기업의 LED마스크 브랜드 관련 검색이 많음.

(참고 예시) 2019년 3월 LED마스크 관련 검색 월간 상위 키워드
- 1위: 엄마 생신 선물 - 16,000건
- 2위: LED마스크 - 15,000건
- 3위: LED마스크효능 - 12,000건
- 4위: 마사지기계, 마사지기 - 11,000건
- 5위: LED마스크 비교, LED마스크 효과, LED마스크 추천 - 6,000~8,000건

- 6위: 신혼집 선물, 아내 결혼기념일 선물 - 5,000건
- 7위: LED마스크사용법 - 4,000건

③ ABC기업에 LED마스크 관련 상위 검색 키워드에 따른 이벤트 제안

    선물용으로 LED마스크 구매가 많다는 것을 검색 데이터로 확인함. ABC기업 구매 후기 등을 통해서도 이를 재확인함. 이에 따라 특별한 기념일 등에 맞는 고급 선물용 포장을 준비해서 이벤트를 실시하는 것이 좋겠다는 언론 홍보 제안을 함.

④ ABC기업 LED마스크 고급 선물 포장 감사 이벤트 기획

    ABC기업이 고객에게 감사해야 하는 이유(판매 달성)를 추출해서 감사 이벤트를 기획하고 언론 홍보를 하기로 함. 이와 관련해서 ABC 기업은 내부적으로 자사의 SNS, 블로그 등을 통해 이벤트 사실을 알림.

⑤ ABC기업 LED마스크 이벤트 보도 자료 작성 및 노출

    추출된 키워드 중 선물과 관련된 키워드를 연관시켜 보도 자료를 작성, 언론사에 배포 등을 통해 노출.

⑥ 보도 자료 언론사 노출 후 검색

    LED마스크 선물과 관련된 특정 키워드 몇 가지 상위 노출 확인.
    예) 결혼기념일 선물

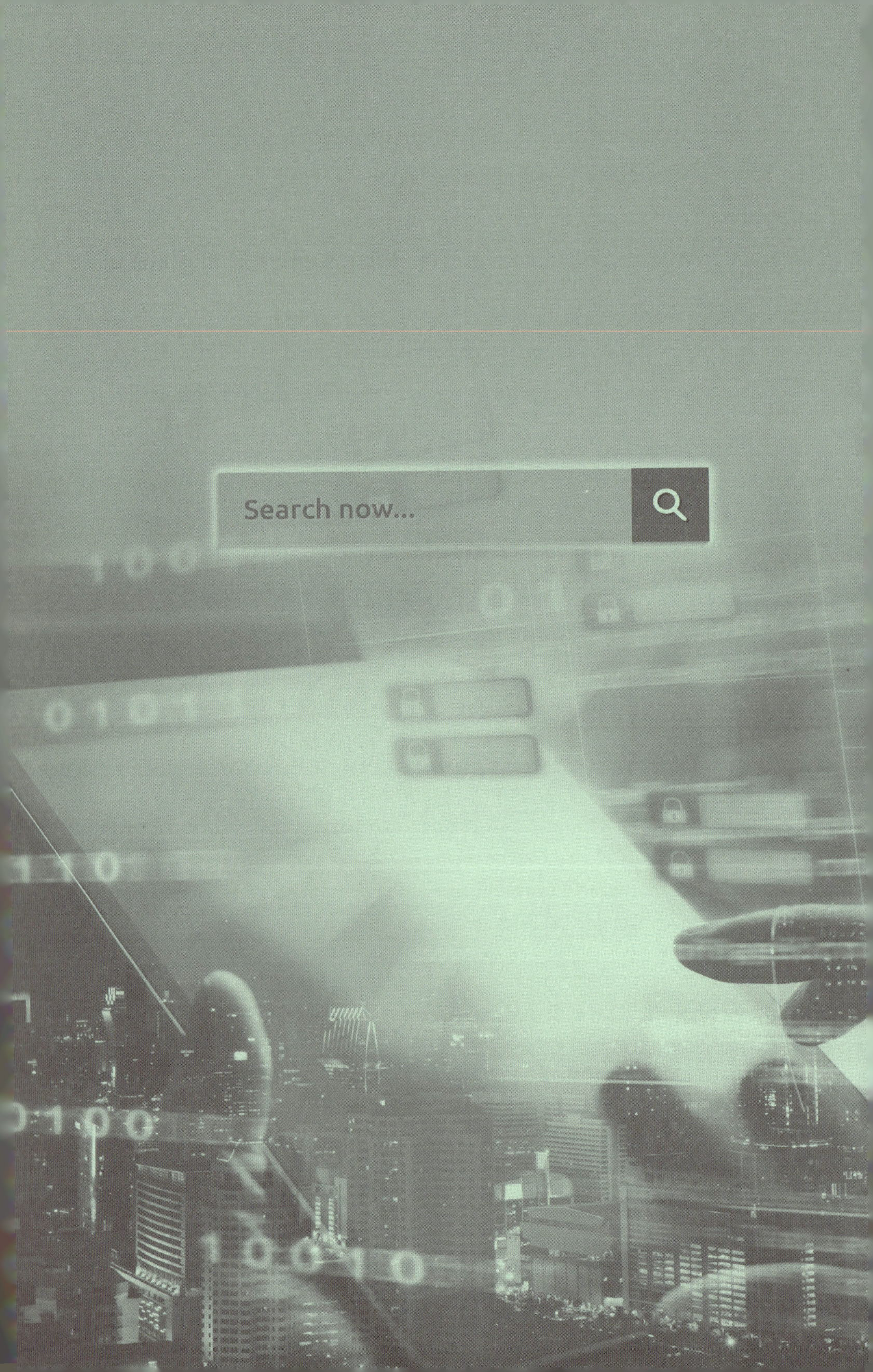
Search now...

PART 3
온라인 언론
홍보의 핵심은
검색이다?

01
온라인 언론 홍보의
검색 최적화

언론 홍보의 핵심은 언론사에 홍보 기사가 게재되는 것이다. 더 자세히 말하자면, 기업이나 제품/서비스에 대한 긍정적인 내용의 홍보 기사가 언론사(방송, 신문, 잡지 등)에 노출되는 것이 목적이다. 결과론적으로 보도 자료의 기획보다 더 중요한 부분이다.

아무리 잘 기획하고 임팩트 있게 작성된 보도 자료일지라도 언론사에서 보도를 하지 않으면 의미가 없다. 이게 바로 과거 언론 홍보의 맹점이었다.

온라인 언론 홍보에서는 매체에 실리는 것보다 더 중요한 것이 있다. 바로 검색이다. 포털 메인에 보도 자료가 게재되는 것이 가장 좋지만, 확률적으로 보도 자료의 원본 내용을 살려서 포털 메인에 걸리는 일은 엄청난 화제성을 지니지 않고서야 가능한 일이 아니다.

소비자에게 기업의 홍보 기사를 보여줄 수 있는 최선의 방법은 포털 검색을 이해하는 것이다. 어쩌면 전부일 수도 있다.

미디어에 싣는 언론 홍보가 아닌 검색 최적화 언론 홍보의 전환

과거에는 언론사가 수많은 뉴스 중에서 중요한 소수의 뉴스만을 신문 지면 등에 내보냈다. 일명 게이트 키핑(Gate Keeping)을 통해서 언론사의 논조 등을 고려한 뉴스 선별 작업이 이뤄졌다.

언론사가 대중에게 일방적으로 뉴스를 전달한 셈이다. 그러나 이제는 바뀌었다. 대중은 포털이라는 정보 창구를 통해서 자신이 알고 싶어 하는 정보를 검색한다. 어떤 기업에 대한 사업적인 전략, CEO 정보 등을 보기 위해서 검색 서비스를 이용하는 것이다. 그리고 일반적으로 그 정보(뉴스)를 믿는다.

언론 홍보가 광고적인 기능을 갖게 된 것도 바로 검색을 통해서다. 한 예로, 래시가드를 구매하고 싶은 소비자는 검색을 통해 다양한 정보를 획득한다. 광고, 쇼핑, 블로그 외에도 수많은 패션 브랜드들이 내놓은 화보 기사를 통해 래시가드를 선택할 수 있는 것이다.

예전에는 타깃 고객이 보는 미디어에 화보를 게재하거나 광고를 했다면, 지금은 온라인 언론 홍보를 통해 타깃 고객이 검색 시에 그들이 원하는 정보를 뉴스 형태로 볼 수 있도록 하고 있다.

기존의 많은 언론 홍보 관련 책들이 보도 자료나 기사 작성법에

대한 이야기를 한다. 육하원칙, 역피라미드 구성 등을 통해 보도 자료를 작성하라고 말한다.

필자는 일반적인 보도 자료 작성법보다는 온라인 언론 홍보의 특성을 잘 파악한 보도자료 작성법에 더 중점을 두라고 말하고 싶다. 즉, 온라인이 가진 장점을 살려서 보도 자료를 작성하고, 더 많은 대중에게 홍보 기사를 노출하는 방법론 등에 신경을 써야 한다는 것이다. 한마디로 온라인 언론 홍보의 핵심은 홍보 기사 게재의 의미를 뛰어넘는 노출에 있다.

02
노출을 늘리는 일이 온라인 언론 홍보의 핵심?

당신이 노트북을 사고 싶다면 보통 오픈마켓보다 가장 먼저 찾아보는 곳이 포털이다. 뉴스, 블로그 등을 통해 자신이 어떤 노트북을 살 것인지 다양한 정보를 찾아보고, 온라인 쇼핑몰이나 오프라인 매장을 둘러 볼 것이다. 이것이 온라인이 가져다 준 일반적인 구매 형태이다. 즉, 홍보를 위한 보도 자료의 언론사 게재가 첫 번째 목표라면, 두 번째 목표는 노출이라는 것이다.

보도 자료의 검색 키워드 추출

예선부터 사람들(타깃층)에게 홍보 기사를 많이 노출하는 것이 성공적인 언론 홍보라는 것은 부인할 수 없는 사실이다. 과거에는 구독자가 많은 신문사 등에 보도 자료가 실리는 것이 언론 홍보의 가장 큰 성과였다. 하지만 요즘은 다르다.

포털 검색을 하는 타깃 고객에게 보도 자료를 가장 많이 노출시키는 일이 언론 홍보의 가장 큰 성과 중 하나라고 할 수 있다. (물론, 포털 메인에 매번 홍보 기사가 게재되는 것이 가장 좋다. 그러나 냉정하게 말해서 이것은 번개를 맞는 것만큼이나 어렵다.)

기업이 대중에게 홍보 기사를 통해 알리는 일은 자연스럽게 발생할 수도 있고, 홍보를 위해 콘텐츠를 기획하고 찾아야 할 때도 있다. 큰 기업일 경우에는 홍보거리가 많아서 그중에서 더 중요한 것을 선택해야 할 때가 많다. 이럴 때에 홍보 담당자들은 여러 가지를 참고해서 홍보 기사 내용을 기획하고 선택할 수 있다.

포털은 검색 관련 데이터를 보여주는 자체 서비스를 가지고 있다. 국내 최대 포털인 네이버는 '네이버 트렌드'라는 서비스를 제공한다. 여기에서는 네이버 통합 검색에서 특정 검색어가 얼마나 많이 검색됐는지 확인할 수 있다.

마케팅을 하거나 비즈니스를 하는 이들에게는 필수적으로 알아야 하는 창구다. 온라인 홍보나 언론 홍보도 마찬가지다. 많은 사람들에게 홍보 기사를 노출하기 위해서는 해당 산업 분야 등에서 어떤 키워드가 많이 검색되는지를 알아야 한다.

또한, 네이버 트렌드를 통해 언론 홍보 담당자들은 홍보 기사를 기획해서 타깃 고객에게 기업이나 제품/서비스 등을 효과적으로 알릴 수 있다.

네이버 트렌드에서는 기본적으로 성별과 연령대별로 검색률을 확인할 수 있도록 제공하고 있다. 예를 들어, 노트북을 구매하려는 사람들이 기업의 타깃 고객이라면 노트북 추천, 노트북 가격 등 관련 키워드에 대한 검색 데이터를 비교할 수 있다.

　홍보를 원하는 분야의 키워드 검색과 관련해서 더 정확한 정보를 알 수 있는 시스템은 '네이버 광고 시스템'이다. 해당 시스템을 활용하면 월별로 PC와 모바일에서 검색되는 키워드의 수치를 확인할 수 있다.
　노트북을 얼마나 많은 사람들이 검색하고, 관련 키워드로 무엇이 있는지에 대한 정보를 수치적으로 확인할 수 있다. 네이버 광고 계정에 가입하면 누구나 이용이 가능하다.

　네이버 광고 시스템 도구 메뉴에서 '키워드 도구'를 클릭한 후 '노트북'이라는 키워드를 입력하고 기간을 설정하면, 검색 수치 및 관련 키워드 등을 한 눈에 볼 수 있다. 타깃 고객이 찾는 키워드를 정확한 데이터로 알 수 있는 것이다.
　이렇게 추출된 키워드를 보도 자료 기획에 활용하거나 기사 내에 해당 키워드 문장이 들어가도록 보도 자료를 작성해야 한다.

알아 두면 쓸모 있는 소소한 언론 홍보 Tip

클릭과 노출을 늘리는 홍보 기사

네이버가 제공하는 시스템을 활용해 추출된 키워드들을 활용하면 '기사 노출'이라는 점에서 효과를 볼 수 있다. 홍보 기사 10개가 노출되는 것보다 정확한 키워드를 기반으로 노출되는 것이 훨씬 좋다고 말할 수 있다.

홍보를 할 때에 일반 보도 자료보다는 기획 보도 자료가 더 많은 사람들에게 노출되고 실제적으로 읽혀진다. 하지만 홍보 담당자들도 각 언론사에 게재된 홍보 기사에 대한 노출 수치를 정확하게 알 수 없다.

필자가 여러 번 홍보 기사 등을 기획 진행한 결과, 기획 보도 자료의 노출이 일반 보도 자료보다 상대적으로 몇 배는 높다는 사실을 확인할 수 있었다. 그 이유로는 기획 보도 자료의 경우 해당 산업 분야와 관련된 기사 중에서 키워드 등이 겹치는 콘텐츠가 적다는 것을 꼽을 수 있다.

03
온라인 보도 자료 작성에 대한 간단한 팁

뉴스를 신문이나 잡지, TV 등 오프라인이 아닌 온라인에서 보고 있지만, 기사 고유의 양식인 스트레이트 형태(역삼각형 구조)는 변하지 않았다. 전체 기사 비율 중에서도 스트레이트 형태가 거의 대부분을 차지한다.

이 형태는 뉴스가 가진 최대의 특징인 속보성에 가장 적합한 구조로, 핵심을 먼저 말한 다음에 부가적인 정보를 제공한다. 특히 기자는 이 형태로 기사를 빠르게 작성할 수 있고, 독자는 핵심을 명료하게 이해할 수 있다. 온라인 미디어 환경에서도 보도 자료를 스트레이트 형식으로 작성한다.

하지만 예전처럼 보도 자료를 팩스나 우편으로 보냈던 시대와는 확연히 다르다. 온라인상에서는 보도 자료의 내용에 대한 한계성이 없으며, 무수한 자료를 덧붙일 수 있다는 차별성이 있기 때문이다.

보도 자료의 작성

보도 자료 작성법은 예전과 다르지 않다. 많은 전문가들이 보도 자료나 기사 작성법에 대해 책이나 문헌에서 발표했으므로 굳이 필자가 보도 자료 작성법과 관련해서 자세히 논하지는 않겠다.

스트레이트 형태로 작성하는 보도 자료가 많은 부분을 차지하며, 특정 분야를 제외한다면 기획 형태는 거의 드물다. 홍보 대행사에서는 수많은 기업과 브랜드를 홍보하기 때문에 그들이 홍보하는 제품이나 서비스 등에 대한 기획 기사를 작성해 배포하기도 한다.

온라인 보도 자료의 분량은 적당해야 한다. 대표 등 기업 관계자들은 보도 자료 안에 많은 내용을 넣고 싶어 하지만, 본질을 명료하

고 간단하게 작성하는 것이 좋다. 기본적으로 기자들은 많은 보도 자료를 메일로 받는다. 때문에 보도 자료를 보고 단번에 핵심을 파악할 수 있도록 해야 한다.

보통 방대한 양의 보도 자료는 기자들이 읽지 않고 지나칠 수 있다. 중요한 보도 자료는 예외다. 만약, 보도 자료에 대한 구체적인 통계나 자료를 제시하고 싶다면, 자료를 첨부하거나 보도 자료 내용 아래 덧붙여 설명하면 된다.

보도 자료는 완성된 기사다

기자들은 일반적으로 보도 자료를 보고 자신만의 시각으로 해석해서 기사를 작성한다. 요즘에는 보도 자료를 있는 그대로 복사해서 기사를 내보내는 기자들도 많다. 즉, 보도 자료가 보도되려면 완전한 기사 형태인 것이 좋다.

보도 자료에 있는 특정 내용을 뒷받침하는 사실 등은 보도 자료 외부에 덧붙이는 게 낫다. 예를 들어 콜라보레이션하는 디자이너, 제휴 기업 같은 보도 자료의 핵심이 아닌 부분은 간단히 보도 자료 안에 적고, 자세한 소개는 각주 형태 등으로 덧붙이면 된다.

04
온라인 보도 자료 작성 시 주의사항

필자는 기자 시절, 보도 자료를 수정하다가 화가 치밀어 올라서 기사 작성을 포기한 적이 있다. 보도 자료가 사실(팩트)이 없는 껍데기 같은 내용들만 가득했기 때문이다.

홍보 대행사나 담당자도 그 사실을 입증할 근거가 없는 자료였다. 한마디로 말해서 위에서 이런 기사를 노출하라고 지시해서 대충 작성해서 내보낸 보도 자료였던 것이다. 담당자의 간곡한 부탁에도 불구하고 이런 보도 자료는 쓸 수가 없다. 이처럼 기자들이 거들떠보지도 않고 쓰레기통에 처박히는 보도 자료들이 있다. 심지어 유가PR에서도 말도 되지 않는 내용으로 보도를 요청하는 기업들이 있다.

수식어 남발은 금물!

기자는 보도 자료에 꼭 필요한 부분이 아니라면 쓸데없는 수식어는 삭제해야 한다. 보도 자료에서 사실이 확인되지 않는 '최고', '1등', '프리미엄' 등이나 '파격', '매우' 같은 용어는 쓰지 않는 것이 좋다.

그리고 많은 문장에 '뛰어나다', '우수하다', '탁월하다', '도움을 준다', '안성맞춤이다' 등과 같은 수식어를 많이 쓰면 오히려 그 문장이 삭제될 수도 있다. 어떤 부분에 대한 장점을 강조하고 설명하는 수식어는 중요한 문장에 전략적으로 넣는 것이 기사 노출에 도움이 된다.

팩트(FACT)는 정확하게!

'1차 완판', '높은 판매고', '많은 관객수', '합리적인 가격' 등 어떤 사실에 대한 보도 자료 내용이 숫자와 관련이 있을 경우에는 정확한 숫자를 기입해야 한다. 안타깝게도 여전히 많은 보도 자료에 정확한 수치도 없이 '높은 판매를 기록했다'라는 문장들이 쓰이고 있다. 단 하나의 숫자 기입도 없이 말이다.

일명 거짓 보도 자료이거나 수치가 미미해서 뺀 것이겠지만, 해당 자료는 보도 자료 작성 기획 단계에서부터 잘못된 것이다. 기사는 사실을 전달하는 글이라는 것을 잊지 않아야 한다. (수치에 대해 물어보면 "모르겠어요"라고 대답하는 홍보 담당자들도 있다.)

하나의 보도 자료에는 한 개의 핵심만!

"신제품도 출시했고, 이벤트도 하고, 워크샵도 가고, 상도 받았다." 등, 보도 자료가 너무 많은 주제를 가지고 있어도 좋지 않다. 사공이 많으면 배가 산으로 가는 것처럼, 주제가 너무 많은 보도 자료는 산만해서 홍보에 실패하기 쉽다.

　보도 자료는 한 가지 주제를 가지고 작성하는 것이 좋다. 어떤 특정 사실에 대해 덧붙이고 싶다면, 기사 맨 아래에 '한편'이라는 말로 덧붙이는 것이 낫다.

　특히 유가PR일 경우, 보도 자료에 많은 내용을 담으려는 경향이 있는데, 이는 적은 돈으로 많은 말을 하고 싶기 때문이다. 소비자들은 해당 홍보 기사를 보고 기사 아래에 '기레기', '광고하냐?' 등과 같은 댓글을 달 것이다.

리드만 정확해?

　리드만 있고, 설명은 자신들이 하고 싶은 말만 하는 보도 자료도 있다. 특히 유가PR에 이런 경우가 많다.

　어떤 브랜드가 이벤트를 한다는 홍보 기사지만, 왜 이벤트를 하고 어떤 혜택 등이 있는지에 대한 내용이 없는 기사들이 있다. 이런 기사들은 기업들이 '그냥' 기사를 내고 싶었거나, 마케팅 회사에 바이럴이나 광고를 하면서 비전문적으로 보도 자료를 작성, 노출했기 때문이다. 이벤트 내용 다음에 해당 브랜드가 판매하는 상품에 대한 설명만 가득한 기사는 브랜드 이미지에도 좋지 않다.

알아 두면 쓸모 있는 소소한 언론 홍보 Tip

광고주의 무리한 보도 자료 요청은 홍보에 독이 된다

홍보 대행을 하는 한 지인에 따르면, 홍보하는 기업의 대표가 보도 자료에 너무 잡다한 내용을 추가하거나 수정 요청하는 일이 많다고 한다. 지인은 기업 대표에게 수정한 보도 자료는 미디어에 배포해서 노출하는 것이 어려울 뿐만 아니라, 홍보 효과가 떨어질 수밖에 없다고 말하지만 소용이 없다.

과거 유가 언론 홍보를 진행한 적이 있는 몇몇 대표들은 언론사에 연락을 하면 기사를 본인이 원하는 대로 수정할 수 있다고 생각하기도 한다. 이는 언론 홍보에 대한 이해가 부족한 기업인들의 행동이다.

05
검색을 위한 온라인 언론 홍보의 비밀

온라인 언론 홍보의 핵심은 검색이다. 몇 번을 말해도 지나치지 않다. 포털 메인을 장식할 수 있는 화제가 없다면, 결국은 타깃 고객이 검색해서 기사를 봐야 한다. 이것이 핵심이다.

브랜딩, 인재 채용, 광고 등 어떤 목적이든지 상관이 없다. 타깃 고객이 보지 않는 홍보 기사는 시체와 같다. 즉, 보도 자료에는 타깃 고객이 원하는 키워드가 있어야 하고, 이 키워드의 배치가 포털 검색 알고리즘을 정확하게 꿰뚫어야 검색에서 우위를 점할 수 있다. 이제 이와 관련된 비밀스런 이야기를 하려고 한다.

보도 자료의 제목

현재 포털 뉴스 검색의 핵심은 제목이다. 포털이 가진 알고리즘을 분석하지 않아도 모두가 아는 사실이다. '아이폰'에 대한 기사를 보려면 우리는 아이폰을 검색한다. 그리고 '아이폰'이라는 단어가 기사 제목에 들어 있는 기사가 가장 먼저 노출되는 게 우선순위를 차지한다. 아이폰이라는 단어가 본문에 들어간 기사도 노출이 되지만, 검색 정확도에서는 한참 뒤에 보여진다. 아직은 포털뿐만 아니라, 거의 대부분의 검색 사이트가 이런 검색의 우위를 변화시키기 어렵다.

보도 자료의 부제목

제목 다음으로 나오는 문장도 검색 시에 매우 중요하다. 기사에서 제목을 보충 설명해 주는 부제목을 활용하면 다양한 검색에서 노출될 수 있다. 아이폰 타깃 고객에게 핸드폰 케이스를 판매하는 기업이 신제품을 출시했다면, 아이폰이라는 단어를 제목에 넣을 수 있겠지만, 기타 세부적인 단어를 통해 타깃 고객에게 노출하는 것이 불가능하다. 이런 때에 부제목을 활용하면 좋다. 아이폰7, 아이폰X 등을 검색하는 이용자에게도 부제목에 이런 단어를 넣는다면 검색에서 우선순위를 차지할 수 있다. 단, 부제목을 넣지 않는 미디어도 있다.

보도 자료의 리드

문장의 맨 앞에서 기사의 핵심을 말해주는 리드는 제목과 부제목 다음으로 검색 시에 우선순위가 된다.

특정 키워드가 제목에는 없고 리드에만 존재해도 우선순위가 될 수 있다. '스마트폰이 노트북이 되고 있다'라는 제목의 기사 리드에 '갤럭시'와 '아이폰'과 같은 단어가 적혀 있다면, 검색 시에 노출이 될 수 있다. 리드에는 홍보 기사의 핵심뿐만 아니라, 타깃 고

객이 찾는 키워드가 반드시 들어가야 한다.

보도 자료의 본문 내용

홍보 기사 내용은 추출된 키워드를 논리적으로 문장화시켜 작성해야 한다. 제목, 부제목, 리드에 비해 기사 내용에 담긴 키워드가 우선순위가 되는 경우는 적지만, 자주 사용되지 않는 키워드는 내용에만 존재해도 노출되는 경향이 있다.

보도 자료의 보충 설명

보통 기사나 홍보 기사를 보충할 때 '한편'이라는 단어를 사용해 덧붙여주는 게 일반적이다. 이럴 때에는 특수한 키워드를 활용하면 좋다. 기사 본문에서 언급되지 않았지만 기사와 관련이 있는 다른 키워드(단어)를 추출해 넣으면 검색 시 이점이 된다.

06

누가 돈 주고 기사를 싣나?

"기사 좀 내고 싶은데 어떻게 해야 하지?"
"형님 기업은 기사를 안 내셔도 될 것 같아요!"

언론사에 기업 관련 기사가 나면 기쁜 일이다. 세상에서 인정받는 느낌이 든다. 누구나 저렴한 비용으로 기사를 낼 수 있는 시대지만, 종이신문에 기사가 게재되거나 포털에서 검색했을 때 기사가 보이면 뿌듯하다.

누군가 신문에 난 기사를 보고 연락을 하면, 미디어의 힘이 실감이 난다. (아직도 나이 드신 회장님들은 종이 신문에 기업 관련 기사가 게재되면 함박웃음을 짓는다.) 하지만, 언론 홍보를 하는 이유도 모르고 한다면 효과적인 홍보 전략 자체도 수립할 수 없을 것이다. 무의미하다는 뜻이다.

홍보팀을 제대로 갖춘 대기업이나 인지도 있는 기업들은 일반 언론 홍보로 기사를 내는 일이 쉽다. 그들은 언론사에게는 광고주(고객)이기도 하기 때문이다. 하지만, 작은 기업이나 홍보에 대한 비용이 적은 회사들이 언론 홍보를 하기 위해 선택할 수밖에 없는 것이 유가PR이다. 그렇다면, 어떤 기업들이 주로 유가PR을 선택할까?

(1) 전문 홍보팀이 없는 작은 기업의 언론 홍보

미안한 말이지만 '듣보잡' 기업이나 어떤 분야의 이슈가 될 만한 소재를 가지고 있는 기업이 아니라면, 완벽한 보도 자료를 작성해서 미디어나 기자에게 보낸다고 해도 기사화가 될 확률이 떨어진다.

사회, 경제 등에 영향력을 끼치는 기업이나 미디어(기자)와 꾸준히 커뮤니케이션을 해온 기업이 아니라면, 유가PR을 선택할 수밖에 없다. 이들에게 유가PR은 그 동안 기득권만 할 수 있었던 언론 홍보를 할 수 있는 좋은 기회이기도 하다.

기업이 고객 등에게 말하는 이야기를 블로그, 홈페이지 등을 통해서도 할 수 있지만, 공신력 있는 언론사를 통해 전파할 수 있는 것이다. 어떤 기업을 검색했을 때 그 기업에 대한 다양한 기사가 나오는 것과 나오지 않는 것은 큰 차이가 있다.

(2) 개인정보가 수익으로 연결되는 기업의 언론 홍보

기업과 고객의 중간자적 역할을 하는 기업에게 유가PR은 비용

대비 높은 수익을 가져다준다.

　이사 및 인테리어, 청소, 중고차 등과 같은 비교 견적 업체, 금융 대출 상담 등 개인정보를 기업에게 제공해 수익을 얻는 기업들이 이에 해당된다. 한 꼭지의 기사를 통해 한 명의 고객을 확보만 하더라도 수익을 낼 수 있는 것이다.

　예를 들어, 홈 인테리어를 바꾸고 싶은 사람 A가 인테리어 가격 비교를 해주는 '똑똑한인테리어^(가칭)' 서비스의 기사를 보고 해당 기업에 비교 견적을 신청했다고 하자.

　'똑똑한인테리어'는 A의 상담 정보에 해당하는 인테리어 업체들 몇 곳에 정보를 넘겨주고 대가를 받는다. 때로는 A가 인테리어 계약 시에 몇 %의 수익금을 받기도 한다.

(3) 고객 상담이나 모집이 필요한 기업의 언론 홍보

기본적으로 고객 상담을 통해 마케팅을 해야 하는 분야는 유가PR 뿐만 아니라, 홍보 자체를 많이 한다.

프랜차이즈 기업, 웨딩컨설팅, 부동산 분양 등 면대면이나 유선 상담이 선행되어야 하는 기업들이 이에 해당된다.

프랜차이즈 기업들은 설명회를 개최할 때 많은 사람들을 모집해야 프랜차이즈 계약률을 높일 수 있다. 웨딩박람회를 개최하는 기업들도 많은 예비부부가 사전에 박람회 참가를 신청하거나 방문해야만 많은 계약이 이뤄질 것이고 수익을 올릴 수 있다.

(4) 제품 판매보다는 서비스 제공 기업의 언론 홍보

손에 잡히는 제품을 판매하는 기업보다는 눈에 보이지 않는 서비스를 제공하는 기업이 유가PR을 주로 사용한다. 제품 판매를 하는 기업도 유가PR을 이용하기는 하지만 보통 광고에 더 집중한다.

반면, 서비스를 제공하는 기업들은 마케팅 채널로 언론 홍보를 적합한 방법이라고 생각한다. 서비스는 기업과 사람에 대한 신뢰 요소가 크기 때문이다. 크게 컨설팅, 아웃소싱, 마케팅 등과 관련된 기업에게 언론 홍보는 좋은 마케팅 채널이 될 수 있다.

알아 두면 쓸모 있는 소소한 언론 홍보 Tip

스트레이트 기사 노출 한 꼭지가 몇 백만 원이라고요?
포털의 '뉴스제휴평가위원회' 출범으로 광고성 홍보 기사에 대한 제재가 강력해졌다. 그 전에 무작위로 노출됐던 광고 기사들의 기사에는 광고성이 거의 사라지기 시작했다.
벌점을 받아 포털 퇴출을 두려워한 언론사들이 광고성 짙은 홍보 기사를 싣는 것을 지양했기 때문이다. 광고성 기사에 대한 제재 기준 중 대표적인 것은 기사 안에 홈페이지 주소, 연락처 등을 표기하는 것이다.

하지만, 기사 내 홈페이지 연결을 포기하지 않는 분야가 있다. 바로, 대출 관련 금융 서비스를 해주는 기업이다.
금리 비교 서비스 상담을 통해 은행 대출을 연결해주는 기업들은 더 많은 돈을 지불하더라도 기사 내에 홈페이지 링크를 게재했다. 중소 언론사들은 기존보다 10배 이상의 돈을 받고 해당 기업의 기사에 홈페이지 주소를 적고 링크로 연결했다. 높은 수익을 위해 벌점을 감수하는 것이다.

매출이 별로 없는 중소 언론사들은 벌점을 받더라도, 높은 수익을 포기할 수 없다. 해당 기사 몇 꼭지가 광고비보다 훨씬 더 많은 매출을 일으키고, 운이 좋으면 벌점을 받지 않을 수도 있다.
또한 포털 '뉴스제휴평가위원회'가 규정하는 재심사 기준 벌점을 넘기 전에 이러한 광고 기사를 노출하지 않으면 그만인 셈이다.

필자도 많은 홍보 기사 비용을 지불하면서라도 기사 내에 링크를 넣고 싶어 하는 해당 기업이 이해가 되지 않았다.
홍보 기사 소요 비용보다 더 많은 매출이 발생하는지에 대한 의구심이 들었기 때문이다.
우연히 필자는 홍보 상담을 위해 개인 및 주택 담보, 자동차 대출 등 금리 비교 서비스와 상담을 해주는 기업 대표를 만나 오랫동안 이야기를 나눈 적이 있다. 그 대표가 말하길, 억대 대출은 기본 수 백만 원의 수익을 가져다준다고 한다.
즉, 기사 한 꼭지를 통해 한 명의 고객만 확보하더라도 홍보 비용을 충당할 수 있다는 것이다.

그 기업 대표는 과거 금리가 높을 때는 지금보다 더 많은 수익을 올렸다고 한다. 한 명의 고객이 1,000만 원 이상의 매출을 가져다주기도 했다는 의미이다.
광고 기사에 대한 제재가 덜한 시대에는 아주 적은 홍보비용을 들여서 상대적으로 엄청난 매출을 올렸던 것이다. 이와 같은 기업들이 높은 홍보비용을 집행하는 이유는 기본적으로 이 분야의 포털 키워드 광고 비용이 높고, 경쟁이 심한 탓이다. 키워드 클릭 한 번에 몇 만 원 정도는 기본으로 지출되는 것이다. 실수로 클릭해도 말이다.

홈페이지 링크가 들어간 금융 대출 기사로 포털에서 퇴출 당한 언론사도 생겨났다. 그리고 PC 위주의 광고 기사 제재 위원들의 감시를 벗어나기 위해 모바일에만 링크를 연결하는 꼼수를 쓰는 언론사도 있었다.

여전히 중소 언론사들은 높은 수익률을 가져다주는 해당 홍보 기사를 게재하고 있다. (우선, 언론사의 생존이 먼저이다.)

[스페셜 가이드 3] 벤처, 중소형 기업의 손쉬운 온라인 언론 홍보 방법

기업 내부에 전문 홍보 담당자가 없고, 직원도 없는 작은 회사에 특별한 일이 생겨 많은 사람들에게 알려주고 싶다. 이때 블로그, SNS 등에 알리는 동시에 언론사에 기사화를 하는 간단한 방법은 없을까?

■ 간단한 언론 홍보 팁

① 보도 자료를 한 번도 써 본 적이 없다?

한 번도 보도 자료를 작성하지 않는 사람이 보도 자료(기사)를 쓰는 것은 쉽지 않다. 가장 간단한 방법은 포털에서 자신의 회사가 알리고 싶은 기사를 검색하고, 해당 기사와 비슷한 내용으로 작성하면 된다.

② 보도 자료를 누구에게 이메일로 보내야 하나?

보도 자료를 작성했다고 해서 단순히 언론사 기자들 아무에게나 이메일을 보내는 것이 아니다. 해당 기사와 연관된 담당 기자를 찾아야 한다. 아주 단순한 방법은 보도 자료와 관련된 키워드를 포털에서 검색하거나, 해당 산업군의 1위 기업을 검색해서 기자의 이메일을 수집하면 된다.

③ 이메일을 보냈지만, 기사화가 되지 않았다?

　보도 자료를 작성한 후 담당 기자들한테 이메일을 보냈다고 해서 기사화가 되는 것은 아니다. 기업의 생각과는 달리 기자들은 해당 보도 자료가 기사적인 가치가 없다고 판단할 수 있다. 또한 다른 보도 자료 메일들과 뒤섞여 기자들이 해당 보도를 보지 못했을 수도 있다. 따라서 적어도 2~3번은 다른 이메일 제목으로 24시간 이내에 다시 메일을 보내는 것이 좋다.

④ 이틀을 기다려도 보도 자료가 기사화되지 않았다?

　보도 자료가 잘못됐거나 기사 가치가 없다고 판단될 수도 있다. 이 때에는 유가 홍보 대행사를 이용해서 포털 제휴 언론사에 보도 자료를 노출하거나, 언론사에 자동 배포해 주는 서비스를 이용할 수 있다.

⑤ 보도 자료가 기사화 됐다?

　언론사에 노출된 홍보 기사는 SNS, 블로그 등을 통해 공유하고 알려 주목을 받게 하자. 그리고 다시 한 번 언론사들에 보도 자료를 배포해서 더 많이 기사화가 될 수 있도록 할 수 있다.

⑥ 보도 자료 이메일 보낼 때 주의사항은?

　회사명, 담당자명, 연락처, 그리고 보도 자료의 사실적 증거나 사진, 데이터 등을 힘께 보내면 좋다.

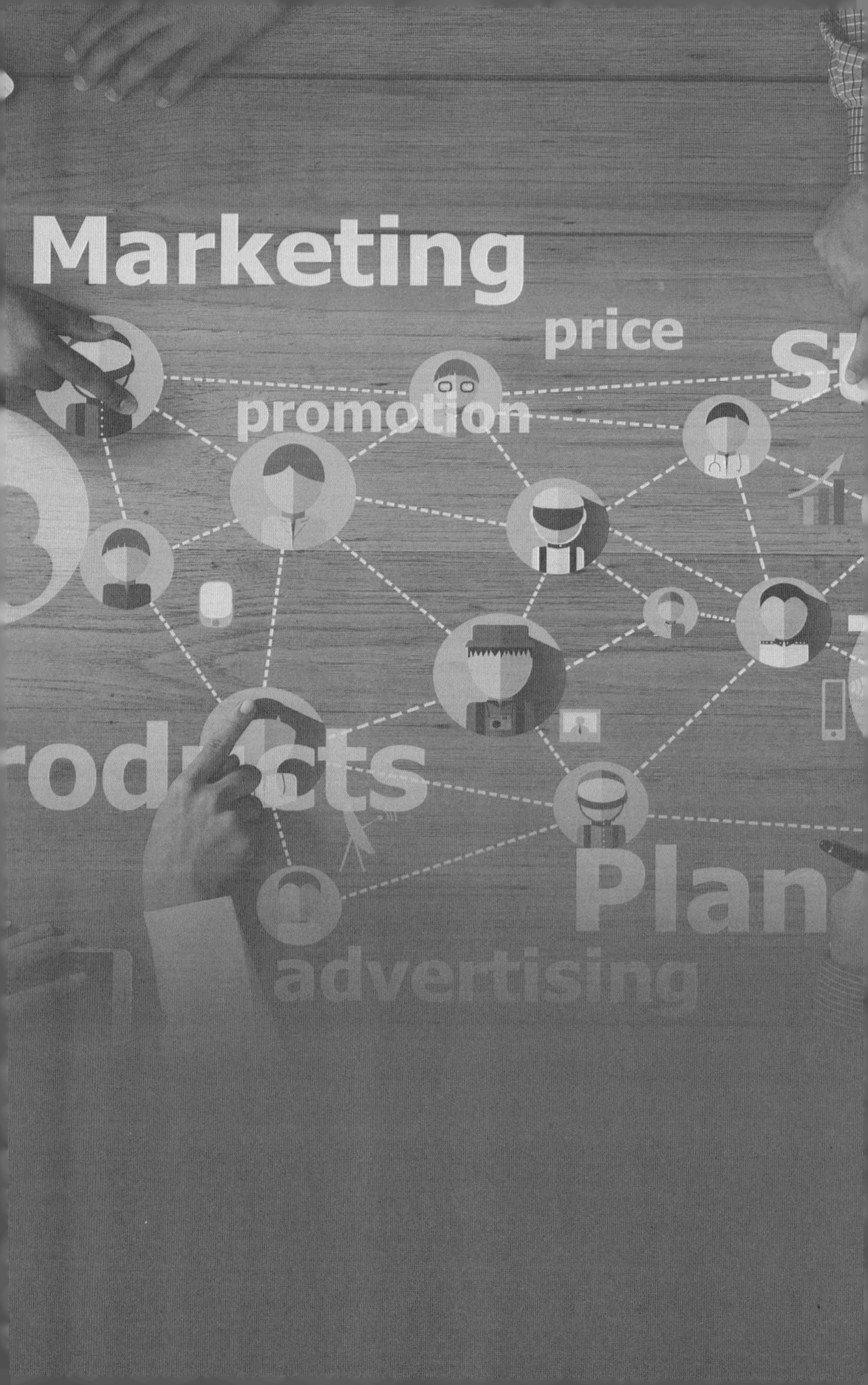
Marketing
price
promotion
advertising

PART 4
무엇을 PR할까?

"언론 홍보라는 그릇을 무엇으로 채울까?"

사업, 마케팅, 영업 등과 마찬가지로 언론 홍보도 기업의 목표와 부합해야 한다. 즉, 사업 전반에 걸쳐 언론 홍보도 기획을 통해 고객 등에게 메시지를 전달해야 한다. 기업마다 언론 홍보가 차지하는 마케팅과 사업성의 중요도가 달라지겠지만, 각 기업의 단기, 중기, 장기 목표에 따라 언론 홍보에 대한 기획과 계획을 세우는 것이 좋다.

일반적으로 상품/서비스 판매 촉진을 위한 언론 홍보를 하지만, 협상과 제휴를 위한 언론 홍보, 투자를 위한 언론 홍보, CEO를 위

한 언론 홍보, 인재 채용(HR)을 위한 언론 홍보 등 다양한 목표에 따라 언론 홍보의 내용과 성향이 달라질 수 있다. 특히 온라인 미디어 환경에서 언론 홍보를 적절하게 활용한다면, 광고나 다른 영역의 마케팅보다 더 효과적인 결과를 만들어낼 수 있다.

그렇다면 어떤 내용을 가지고 언론 홍보를 해야 할까?
보통 신제품 출시, 이벤트 등 단순한 내용을 기사화 하는 홍보를 떠올리겠지만, 이것은 누구나 생각할 수 있는 언론 홍보이며, 대기업이 아닌 이상 이런 보도 자료는 미디어가 달가워하지 않는다.

작은 기업이라도 자신들이 가지고 있는 정보와 장점을 잘 찾아낸 보도 자료는 노출뿐만 기자들이 취재나 기획 기사를 위한 콘텐츠로 활용할 수 있다. 또한, 기업이 화제의 중심이 될 수 있고, 포털 실시간 검색어에 오를 수도 있다. 뿐만 아니라, 페이스북 등과 같은 SNS나 커뮤니티에서 사람들의 입에 오르내리며 주목을 받을 수 있다는 장점도 있다.

온라인 언론 홍보는 광고보다 소비자 접근성이 좋으며, 확장성이 크다는 장점을 가지고 있다. 이러한 점들은 온라인 언론 홍보를 통해 작은 기업이 높은 매출을 기록할 수 있다는 것을 방증한다.

알아 두면 쓸모 있는 소소한 언론 홍보 Tip

포털 메인에 노출되었다고?

기자 시절, 청년 창업가와 관련된 인터뷰 기사를 한 달에 3~4건 정도 썼었다. 필자가 작성했던 인터뷰 기사는 창업 열풍과 맞물려서 다음, 네이버, 네이트 등 포털 메인에 자주 노출됐다. 그때 포털 메인에 인터뷰 기사가 노출된 한 창업가는 모 방송사 연애 관련 프로그램 섭외, 투자 등 다양한 전화를 받았다.

또 다른 창업가는 6개월간 영업 및 마케팅을 할 필요가 없었다. 그 창업가의 인터뷰 기사가 포털 메인에 노출되고 나서 창업가의 회사가 팔고 있는 제품 구매 문의가 끊이지 않았다고 한다. 즉 물량 공급이 몇 개월간 벅찰 정도로 밀리게 됐다는 것이다. (향후 그 회사는 대형 기업에 매각됐다.)

01
신제품 출시
− 상품/서비스 출시 기사

"오늘 우리는 3가지 혁신적인 제품을 소개합니다. 와이드 터치 스크린 아이팟, 혁명적인 모바일폰, 그리고 끊기지 않는 인터넷 커뮤니케이션 디바이스. 아이팟과 전화 인터넷은 더 이상 따로가 아닙니다. 하나입니다. 우리는 이것을 아이폰(iPhone)이라고 부릅니다."

2007년, 애플 창업주 故 스티브 잡스는 아이폰 출시(2007년 6월 29일, 현지시간) 6개월 전인 맥 월드 키노트 연설 첫머리에서 이렇게 말했다. 이후 스티브 잡스가 제품 출시 전 진행하는 키노트는 전 세계 미디어의 주목을 받았다.

그가 말한 모든 단어는 토씨 하나 빠지지 않고 기사화가 됐다. 또한 키노트 발표는 인터넷을 통해 전 세계에 생방송으로 방송되기도 했으며, 소비자들의 이목을 집중시켰다.

국내에서는 키노트 발표 당일과 전후로 아이폰 신제품에 대한 기사와 글들이 포털에 무수하게 쏟아졌으며, 실시간 검색어를 장악했다. 엄청난 홍보 효과였다.

과거부터 지금까지, 많은 기업들이 언론 홍보를 위해 애플 키노트 같은 기자간담회 같은 행사를 열었다. 기업은 미디어 기자들을 초청해 놓고 자사의 신제품이나 서비스 등을 발표했다. 이러한 내용들을 보도 자료로 작성해 기자들에게 나눠줬으며, 가끔은 신제품까지 선물하기도 했다. 온라인의 발달은 이런 발표회를 줄였으나, 요즘에도 큰 기업들은 기자간담회와 같은 형태의 이벤트를 열고 미디어와 대중에게 홍보를 하고 있다.

언론 홍보에서 많은 비중을 차지하는 것이 단순한 제품이나 서비스 등과 같은 출시나 론칭 기사이다. 대기업에서 내놓은 것들은 단순한 기사 형태라도 큰 화제가 된다.
미디어들은 앞다투어 해당 기사를 쓰기에 바쁘다. 많은 대중이 관심을 갖는 내용이기 때문이다. 보도 자료에 정확한 정보를 제공만 하더라도 기사화가 되는 걱정을 할 필요가 없다.
언론 홍보가 단순 노출이 목적이라면, 아주 손쉬울 수도 있다. 하지만, 작은 기업일 경우에는 이러한 기사를 미디어를 통해 노출하는 것이 쉽지 않다. 대중이 관심을 갖지 않기 때문이다. 혁신적인 제품이나 서비스가 아니라면 더욱 그렇다.

대기업이나 대중이 관심을 갖고 있는 기업이 내놓은 제품이나 서비스 등은 미디어^(기자)와의 커뮤니케이션 활동과 적절한 보도 자료만으로도 언론 홍보가 수월하다. 따라서 보도 자료 작성에 가장 신경을 써야 한다.

일례로, 삼성이나 애플이 발표하는 아이폰과 갤럭시 시리즈는 누구나 관심을 가지는 제품이다. 새롭게 출시되는 제품의 사양이나 기능 등 기본적인 사항과 장점을 보도 자료에서 잘 포장해 설명해야 한다. 반면에 스타트업이나 중소기업 같은 작은 기업은 단순하게 설명하기보다는 혁신성, 차별성, 트렌디한 내용 등을 중점으로 작성해야만 기사로서의 가치를 지닐 수 있다.

대기업이라고 해도 이런 유형의 보도 자료에 방대한 내용을 넣을 수는 없다. 간략하게 설명해야 할 부분은 생략하기도 한다. 이럴 때에는 해당 보도 자료 아래에 자세하게 기능적인 측면이나, 서비스 등 어려운 용어를 넣으면 좋다. 기자들이 기존 제품과 비교하거나 타 제품과 비교하는 등 다양한 각도로 기사화를 할 수 있기 때문이다. 단, 타 제품이나 기존 제품과의 비교를 통해 큰 차이점이 없다면 오히려 역효과를 볼 수 있기 때문에 미리 그 부분에 대한 부가적인 설명도 갖추는 것이 좋다.

02
반값으로
살 수 있는 기회?
- 이벤트/프로모션 기사

    포털 실시간 검색어에 특정 브랜드 등이 올라올 때가 있다. 이벤트나 프로모션이 원인이다. 특히 유명 브랜드이거나 대중의 관심이 많은 브랜드일수록 실시간 검색어에 오를 확률이 높다.
    광고와 언론 홍보 등을 통해 이런 이벤트 사실을 알리지만, 언론 홍보만으로도 실시간 검색어에 오르기도 한다. 페이스북 같은 SNS를 통해 해당 기사가 빠르게 퍼지게 되면서 그런 현상은 더욱 두드러졌다.

    일반 언론 홍보나 유가 언론 홍보도 제품/서비스 출시나 이벤트 기사 등이 많은 부분을 차지한다. 이런 기사는 쉽게 언론 홍보를 할 수 있는 내용이며, 마케팅 차원에서도 광고와 더불어 효과를 볼 수 있는 소재이다.
    온·오프라인 광고를 통해 알려진 이벤트 등을 온라인 기사나 활자화 된 내용을 통해 더 자세하게 알 수도 있다. 역으로 기사를 통해 이벤트를 보고, 이후 인터넷 광고를 클릭하기도 한다.

한 예로, 유명한 한 스포츠 브랜드가 온라인에서 전 제품을 최대 50%(일부 80%) 세일하는 '프로모션 데이'를 진행했다. 당일, 해당 브랜드는 모든 포털 실시간 검색어 1위에 오르며 대중의 관심을 받았다.

보도 자료는 행사 당일 배포됐고, 온라인에서 기사는 단 1꼭지밖에 노출되지 않았다. 하지만 실시간 검색어에 오르고, 많은 언론사들이 해당 프로모션 데이 이벤트에 대한 기사를 작성하면서 언론 홍보 효과까지 누렸다. 사이트는 접속 마비가 됐으며, 실시간 검색어에도 상당히 오랫동안 올라가 있었다.

만약, 해당 브랜드가 사전에 보도 자료를 준비하지 않았다면 실시간 검색어에 오르더라도 대중은 '프로모션 데이' 이벤트에 대해 빠르게 인지할 수 없었을 것이다. 미디어 입장에서도 해당 검색어에 대한 내용을 재빠르게 확인해 기사로 노출하기가 어려웠을 것이다. 이런 경험은 미디어들이 해당 브랜드에 대한 보도 자료를 기사화해야 한다는 것을 체감하는 계기가 된다.

이 브랜드의 사례 말고도 많은 기업이나 브랜드가 포털 실시간 검색어로 주목을 받았다. 언론 홍보는 그럴 때 실시간 검색어를 만든 이유가 되기도 하고, 이후에 대중이 인지를 쉽게 할 수 있도록 도와주는 존재가 되기도 한다. 온라인에서 배너 광고는 클릭으로 검색이라는 번거로운 일을 하지 않게 하지만, 온라인 언론 홍보는 인지를 통해 검색으로 해당 기업을 이슈의 중심으로 만들 수 있다.

프로모션이나 이벤트 기사는 마케팅 기획부터 좋아야 하지만, 홍보 담당자들은 이벤트 의도와 이유도 보도 자료에 잘 넣어야 한다. 단순하게 이벤트를 하는 행위는 상업적인 의도로 보일 수밖에 없다. 하지만 고객 감사 프로모션이나 엄청난 할인 혜택 등에도 기자들의 구미를 당기는 합당한 근거가 존재하면 언론 홍보가 엄청난 파급력을 가져올 수 있다. 또한, 보도 자료에는 프로모션에 대한 정확한 할인율, 혜택 등이 잘 드러나야 한다. 혜택이 크지 않은 이벤트는 다른 의미와 취지를 찾아야 할 것이다.

알아 두면 쓸모 있는 소소한 언론 홍보 Tip

실시간 검색어에 올랐다고?

몇 년 전 프랜차이즈 식당 홍보를 잠깐 하게 됐다. 당시 해당 식당은 어느 정도 인지도가 있는 가수 그룹을 광고 모델로 선택했다. 그들은 성장하고 있는 그룹이라서 해당 식당과 연결시켜 홍보하기에 무난하다고 생각했다. 단순 보도 자료를 작성해서 해당 식당이 그 그룹을 모델로 삼았고, 며칠 후에는 식당 안에서 공연을 펼친다며 다양한 언론사에 알렸다. 기사가 나간 후에 포털 실시간 검색어에 그 그룹이 올라왔다. 해당 식당까지 연관 검색어로 잡혔다.

03
숫자는 팩트다!
— 데이터 활용

숫자만큼 완벽한 팩트는 없다. 기사는 팩트^(사실)에 기반을 둔 글이다. 현재 대한민국 저널리즘의 취약점은 '데이터'라고들 한다. 해외 언론에 비해 국내 언론사들은 데이터 저널리즘에 대한 투자가 부족하다고 전문가들은 말한다. 이유는 간단하다. 투자 대비 수익률이 떨어지기 때문이다.

특정 주제에 대한 기사를 작성하기 위해 데이터를 수집하고 분석해서 한 꼭지의 기사를 내는 것에 많은 시간을 투자해야 할 뿐만 아니라, 데이터에 대한 정확도도 필요하다.

언론 홍보와 데이터의 상관관계는 기사의 본질과 국내 미디어 환경에 기인한다. 기자들은 사실에 초점을 두고 기사를 작성하는 것이 중요하고, 그런 사실이 뒷받침되는 데이터를 수집하는 일에 할애할 시간이 없다. 이 부분은 기업과 미디어 모두에게 윈-윈^{(Win-}

Win)이 된다. 기업은 정확한 데이터를 활용해 보도 자료를 발표하고, 미디어는 그 자료를 바탕으로 기사를 작성하거나 다른 기사와 비교해서 활용을 할 수 있다.

"우리 기업에는 뉴스가 될 만한 데이터가 없다"라는 생각은 오산이다. 어떤 기업이든지간에 독자나 소비자가 궁금해 하고, 홍보할 수 있는 데이터를 가지고 있다. 보통 많은 기업들이 언론 홍보에 활용하는 데이터가 판매율이다. 어떤 상품에 대한 판매율이 빠를 경우나, 100민 등 유의미한 판매율을 달성했을 때 보도 자료를 작성해서 배포하면 뉴스의 가치가 있다. 이러한 홍보 기사는 매출이나 신뢰도에 영향을 주기도 한다.

숫자는 사람들의 궁금증을 자극하기 좋은 소재이기도 하다. 오늘자 신문이나 포털 메인 등을 보면 꼭 한 번쯤은 숫자를 나타내는 기사 제목을 볼 수 있을 것이다. 이 점은 일반 독자뿐만 아니라 기자들의 마음도 움직인다. 결국 기자의 본분은 기사로서의 가치를 둔 보도 자료를 재해석하거나 추가 취재를 통해 노출하는 것이다. 즉, 기자는 누구나 쉽게 알지 못하는 사실을 독자들이 읽기 쉽게 기사화해서 알려주는 역할을 한다. 이러한 부분을 활용하면 언론 홍보를 수월하게 해낼 수 있다.

기업이 가진 데이터를 파악하는 방법은 다소 까다로울 수 있다. 기업에 불리한 데이터는 오히려 독이 될 수도 있으며, 유리한 데이터를 파악해야 한다. 경쟁사의 데이터와 비교해서 자신의 기업이 가진 데이터가 더 나은지 등도 알아야 한다.

작은 기업이라면, 10만 고객 달성 등 단순한 데이터를 활용한 언론 홍보도 좋다. 정확한 데이터를 활용하고, 거기에 따른 이점들을 잘 설명해준다면, 온라인 미디어 환경에서 최적의 언론 홍보가 될 것이다.

알아 두면 쓸모 있는 소소한 언론 홍보 Tip

제대로 언론 홍보하는 웨딩기업은 없을까?

'레몬마켓' 중 하나인 웨딩 시장에서 웨딩 업체들이 소비자를 설득할 수 있는 중요한 포인트는 신뢰이다. 하지만, 현재까지도 국내에서 신뢰를 위해 제대로 된 언론 홍보를 하는 웨딩기업은 찾아보기 어렵다. 이러한 사실을 필자는 국내에서 손꼽히는 웨딩기업 언론 홍보를 하면서 알게 됐다.

많은 웨딩기업들은 고객 신뢰를 위한 일환으로 유가 언론 홍보를 통해 앞 다퉈 기사를 노출하고 있다. 이런 홍보 기사들은 고객 모집에 중점을 둔 언론 홍보에 불과하다. 기사 내용도 전문화된 홍보 담당자가 작성하지 않은 탓에 산만하거나 중요치 않은 내용의 나열에 그치는 경우가 많다.

웨딩 시장이 돈을 지불해야만 기사를 게재할 수 있는 분야로 전락해 버린 것이다. 일반적인 언론 홍보를 진행하기에는 어려운 상황이 많다. 국내 웨딩기업 중에서 큰 규모를 자랑하는 기업은 거의 드물고, 국내 웨딩 시장 규모가 작기 때문에 거의 소규모의 기업들이 대다수를 차지하고 있다.

많은 고민 끝에 필자는 국내 웨딩 시장을 리드하는 기업 중 하나인 해당 기업의 데이터를 활용한 기획 콘텐츠를 언론 홍보에 활용했다. 기존 언론사가 작성한 기사는 거의 통계청 등의 데이터를 토대로 작성됐으며, 국내 웨딩 시장의 거시적인 부분밖에 알 수 없었다. 따라서 필자는 소비자와 미디어의 니즈를 파악할 수 있는 데이터를 통해 보도 자료를 작성해 보도했다.

미디어와 기자들은 해당 데이터를 활용해 기사를 내보냈다. 솔직히 필자는 웨딩기업이 언론 홍보를 하는 것이 거의 드물었던 탓에 기사화가 되는 것을 크게 기대하지 않았다. 하지만 많은 언론사들이 해당 보도 자료를 기사화했다. 또한 웨딩기업이 가진 데이터를 활용해 작성한 필자의 보도 자료를 웨딩 관련 기획 기사에 참고하기도 했다. 어떤 기획 기사는 포털 메인에 게재되기도 했다.

04
이슈에 주목하라!
– 보도 자료와 이슈는 곧 노출

"기사 클릭이 많으면 돈을 번다."

'기레기'라는 신조어의 탄생은 온라인 미디어 환경이 가져다준 결과라고 해도 과언이 아닙니다. 온라인상에서 언론사가 수익을 창출하는 방법 중 하나가 독자의 사이트 방문자 수(트래픽)를 높이는 것이다.

트래픽은 곧 온라인 광고 수익률과 비례한다. 이런 이유로 언론사들은 자사의 사이트 방문자 수를 높이기 위해 늘 혈안이다. 그에 따라 실시간 검색어 같은 이슈 키워드, 자극적인 제목 등의 기사를 내보내고 있다. 독자들은 일명, 이런 기사를 작성하는 기자들을 '기레기'라고 부르기 시작했다.

온라인 미디어 환경을 이해한다면, 기자들이 어떤 키워드가 담긴 보도 자료를 선호할 것인가에 대해 예측할 수 있다. 바로 실시간 검색어나 이슈, 트렌드 키워드가 들어간 보도 자료이다. 실제 몇몇 홍보 대행사들도 이런 방법으로 보도 자료가 언론사에 노출될 확률을 높이고 있다.

예를 들어, 홍보를 하는 기업이나 브랜드의 모델인 특정 연예인이 포털 실시간 검색어에 오를 경우 준비해 놨던 보도 자료를 미디어에 배포하는 것이다. 기자들은 트래픽을 유발하기 위해 해당 연예인에 대한 이슈 기사 말고도 새로운 기사를 찾을 것이고, 보도 자료를 기사화할 확률이 커지게 된다.

실시간 검색어 같은 이슈 키워드가 들어간 보도 자료에 대한 단점도 존재한다. 수많은 관련 이슈 기사에 묻혀 홍보 기사가 독자에게 도달하는 빈도가 떨어질 수 있다. 특히, 연예인이나 이슈 키워드에 대한 부정적인 기사는 홍보하는 기업과 브랜드와 일치돼 좋지 않는 인상을 남길 수 있다. 광고 모델, 기업 모델 등이 도박, 폭행 등 부정적인 일과 연관됐을 때 광고주가 더 이상 광고를 노출하지 않거나 모델 계약을 취소하는 행위와 비슷하다고 말할 수 있다.

연예인이나 특정 산업 분야의 이슈를 앞두고 있고, 보도 자료가 이런 것들과 관련이 있다면, 보도 자료 배포 시기를 해당 기간에 맞추는 것도 온라인 언론 홍보의 한 방법이다. 이를 통해 더 많은 기사를 노출할 수 있고, 소비자들에게 홍보를 할 수 있다.

알아 두면 쓸모 있는 소소한 언론 홍보 Tip

모델의 긍정적인 이슈와 보도 자료 노출

패션이나 뷰티 브랜드들은 연예인을 전속 모델로 삼는 경우가 많다. 톱스타나 라이징 스타들도 모델로 많이 발탁된다. 보통 브랜드의 이미지와 부합하는 모델을 선호하기도 하지만, 해당 모델의 인기를 통해 브랜드가 더 주목받길 원하기 때문이다.

브랜드의 모델인 연예인이 예능프로그램에 출연하거나, 드라마 주인공일 때는 훨씬 더 홍보가 수월하다. 홍보 대행사 담당자들은 브랜드 모델이 나오는 예능프로그램이나 드라마 전후로 보도 자료를 배포한다. 실제 이슈 연예인과 관련된 홍보 기사들이 같이 노출되는 것을 볼 수 있다.

가끔 새 드라마 PPL 등을 하는 기업들이 드라마가 시작되는 당일에 보도 자료 노출이나 배포를 요청한다. 그 드라마를 검색했을 시에 기사도 노출되기를 원한다고 당부한다. 당연한 말이지만, 해당 드라마를 검색했을 때 홍보 기사가 노출이 된다. 단, 그 드라마에 대한 기사가 무수히 많이 쏟아져 나와 홍보 기사가 어디에 있는지 찾을 수 없을 때도 많다. 이럴 때에는 그 드라마나 방송 프로그램이 보도된 며칠 후에 보도 자료를 노출하는 것이 훨씬 더 효과적이다.

05
스타, 셀럽 언론 홍보는 언제나 먹힌다?
– 스타 마케팅과 언론 홍보

　홍보 기사라도 기자들이 쓸 수밖에 없는 보도 자료가 있다. 바로 핫한 스타나 셀러브리티(셀럽)가 포함된 보도 자료는 미디어에 있어서 뉴스로서의 가치가 클 수밖에 없다. 하지만, 분야에 따라서 스타나 셀럽을 활용한 언론 홍보의 영향력이 다르다.

　패션과 뷰티 같은 분야일 경우에는 매우 큰 파급력을 지닌다. 국내외 패션 뷰티 브랜드들이 홍보를 위해서 스타를 모델로 기용하거나, 포토월 행사, 컬렉션 등에 초대하는 이유도 홍보적인 차원이다. 반면에 스타 사진과 내용이 전혀 매치되지 않을 경우의 효과는 미미할 것이다.

　포털 메인에 게재된 스타들의 사진 속에는 홍보가 교묘히 들어가 있다. 공항 패션, 화보, 팬 사인회 등에는 패션과 뷰티 브랜드들의 협찬이나 브랜드 행사를 통해 탄생한 것들이 많다.

이렇게 스타를 활용한 브랜드들은 보도 자료를 작성하고 자신의 브랜드를 더 많은 대중이 알 수 있도록 한다. 브랜드 이미지와 맞는 모델을 기용하고, 홍보로 적절하게 활용하면 큰 효과를 누릴 수 있다. 보통 톱스타를 선호하지만, 쉐프, 작가 등 대중의 인지도가 높은 전문가들을 광고 모델이나 홍보를 위해 활용하면 좋다.

패션 뷰티 분야 이외의 분야에서 스타를 활용한 언론 홍보를 하기 위해서는 기획이 뒷받침돼야 한다. 단순히 연예인을 모델로 기용하는 것도 홍보를 위한 하나의 방법이지만, 스타와 기업, 브랜드에 대한 내용을 통해 보도 자료를 만들 수도 있다. 이를 위해서는 기업의 제품이나 서비스, 스타가 부합해야 한다.

예를 들어, 모바일 게임 회사일 경우 게임을 좋아하는 연예인의 해당 모바일 게임에 대한 인터뷰 내용을 보도 자료로 작성해서 미디어에 배포하면 효과를 볼 수 있을 것이다.

스타나 셀럽을 활용한 언론 홍보를 할 경우에는 해당 분야의 기자 이외에도 연예 매체나 연예부 기자들에게 보도 자료를 배포하면 더 많은 기사를 노출시킬 수 있다. 이때 하나의 보도 자료보다는 각 분야에 맞춰 보도 자료를 따로 작성해서 배포하는 것이 좋다. 산업에 맞는 보도 자료와 연예부에 맞는 보도 자료는 달라야 한나는 뜻이다. 연예 매체에는 연예인에게 더 큰 비중을 둔 보도 자료를 작성해서 보내면 좋다.

핫한 스타를 활용해서 언론 홍보를 하면 포털 메인에 기사가 노

출될 확률이 높다. 그러나 그 경우 기업이나 브랜드명에 대한 내용이 완전히 배제될 가능성이 크다. 즉, 단순 검색이 아닌 포털 메인에 노출을 원하는 보도 자료라면 기업과 관련된 모든 내용을 삭제하고, 스타와 셀럽에 초점을 두고 보도 자료를 작성하는 것이 좋다.

만약 해당 보도 자료가 포털 메인에 걸리고, 실시간 검색어에 등극한다면 더 큰 언론 홍보 효과를 거둘 수 있다. 이를 위해서는 사전에 해당 스타와 기업이 관련된 산업 분야의 기사들이 게재돼 있어야 한다.

알아 두면 쓸모 있는 소소한 언론 홍보 Tip

연예인 홍보대사 임명이 최고의 홍보!?
우리는 스타를 활용한 언론 홍보를 해마다, 또는 매달 TV나 신문, 포털 등에서 본다. 기본적으로 지자체나 기관 홍보대사 등을 연예인이나 셀럽으로 기용해서 대중에게 알리는 것이 이런 언론 홍보다. 국세청은 매년 성실하게 세금을 납부하는 연예인을 선정하고 알리면서 세금 납부 독려와 딱딱한 국세청에 대한 이미지를 부드럽게 만든다. 반대로 홍보대사를 맡은 연예인들 또한 자신의 이미지와 부합한 분야의 홍보대사를 함으로써 대중에게 좋은 이미지를 심어줄 수 있다.

스타트업이나 벤처 회사들은 스타를 활용해서 상상도 못할 효과를 거두기도 한다. 한 번의 언론 홍보를 통해 그 기업이나 제품/서비스를 알릴 수 있다. 광고를 통해서도 거둘 수 없는 성과를 내기도 한다.

국내뿐만 아니라 해외에서도 가끔 할리우드 스타들이 벤처 회사에 투자를 하면서 해당 기업의 제품이나 서비스가 알려지고 매출 상승에 영향을 미치는 경우가 있다. 국내에서도 이런 사례들이 많다. 한 예로, 모 패션 플랫폼 기업이 연예인이 투자를 했다고 언론을 통해 알리며 주목을 받기도 했다. 수억 원을 들인 광고보다 수 백 배는 큰 효과를 본 셈이다.

다양한 기업들이 연예인 이름을 앞세우며 광고와 홍보 효과를 동시에 누리기도 한다. 이를 위해서 연예인을 경영에 참여했다고 알리기도 하며, 주주나 투자자로도 소개한다. 기업의 제품이나 서비스에 대한 신뢰를 주기 위함이다. 이런 이유 때문에 연예인들은 신뢰가 높아야 하는 프랜차이즈 레스토랑, 이삿짐센터, 결혼 정보회사, 클럽 등의 주주로 참여한다. 실제로 경영을 하는 연예인도 있고, 단순하게 홍보를 위해서 주주가 되는 경우가 있다.

지인 중에 2000년 초중반에 연예인 쇼핑몰을 제작해서 큰 성과를 거둔 사업가가 있었다. 그는 연예인을 쇼핑몰의 모델로 쓰고, 연예인이 직접 쇼핑몰을 운영하는 것처럼 해서 매달 개런티를 지불했다고 한다. 그는 소호 쇼핑몰들이 기하급수적으로 늘어나면서 막대한 광고비 싸움을 벌이고 있을 때, 연예인의 이름을 빌려 만든 쇼핑몰로 광고비를 줄이고, 많은 가입 고객과 소비자를 이끌었다.

포털 메인을 보면, 적어도 1개 이상은 스타를 활용한 언론 홍보이다. 영화, 패션, 뷰티뿐만 아니라 IT기업까지 다양하다.

06
공무원이 1등 신랑감, 1등 신부감이라고?

– 설문 조사, 트렌드를 건들면
  좋은 언론 홍보

"요즘 선남선녀들은 결혼 상대자로 어떤 점을 중요시할까?", "우리나라 사람들이 주택보다 아파트를 선호하는 이유는 무엇일까?", "연령대별로 홈 인테리어 시 중요하게 생각하는 부분은 뭘까?"

데이터를 활용한 언론 홍보만큼 영향력이 큰 홍보 방법이 설문 조사이다. 직접 설문에는 시간은 많이 걸릴 수는 있지만, 설문은 미디어들이 쉽게 할 수 없는 부분의 사회과학적인 데이터를 도출해내고, 사회 현상을 분석할 수 있는 유용한 자료가 된다. 기업들은 자신의 산업 분야와 관련된 트렌디한 설문을 통해 의미 있는 보도 자료를 작성할 수 있다.

개인적으로 이름 없는 중소기업을 알릴 수 있는 가장 최적의 방

법이 '설문조사'를 활용한 언론 홍보라고 생각한다. 기자들은 설문조사에 대한 보도 자료를 바탕으로 사회의 특정 현상에 대해 나름의 분석 기사를 다양한 시각으로 내놓을 수 있다. 이런 보도 자료는 기자들에게 새로운 기사를 낼 수 있는 중요한 정보인 셈이다.

하지만 무작정 설문조사 결과를 보도 자료로 배포한다고 해서 모두 홍보가 잘 되는 것은 아니다. 설문에는 트렌디한 내용이 있어야 한다. 뉴스의 속성 중 하나인 '시의성'이 있어야 한다는 것이다. 여름에 '크리스마스에 가고 싶은 데이트 장소'라는 주제로 설문을 하는 것은 영어 수업시간에 수학 문제를 푸는 것과 같다.

해당 기업이 속한 산업의 속성과 사회의 트렌디를 결부시켜 기획을 하고, 설문조사를 하는 것이 좋다. 결혼 시즌에는 결혼 비용,

결혼에 대한 젊은 세대들의 생각 등을 담은 설문 기사들이 포털이나 미디어 메인에 걸리는 것을 볼 수 있다. 이처럼 계절, 사회적인 문제(저출산율, 실업률), 사회적인 이슈 등을 고려해서 설문에 대한 기획을 해야 한다.

간혹 홍보 대행사나 담당자들이 억지춘향격인 보도 자료를 내보내기도 하는데, 이는 거짓 설문조사일 수도 있다. 20대 신발 브랜드 선호도를 설문조사했더니 자사의 브랜드가 1위를 했다는 식의 설문은 좋은 홍보가 될 수 없다. 신뢰도가 높은 리서치 기관 등이 설문조사한 내용을 바탕으로 보도 자료를 쓰거나, IT시대에는 구글 트렌드, 네이버 트렌드 등 확실한 통계치를 활용하는 것이 좋다.

데이터와 설문조사를 활용한 보도 자료는 일반 단신 기사로 노출되는 것 이외에도 기획 기사로 활용될 확률이 높다. 트렌디한 내용일수록 기자들이 기획 기사를 작성할 수 있는 소재가 된다.
추가적으로 기자들이 정보를 요구할 수도 있기 때문에 설문조사에 대한 데이터를 정확하게 파악하고, 보도 자료 배포 시 결과에 대한 내용을 그래픽(인포그래픽)으로 제작해서 첨부하는 것도 좋다.

설문조사에 대한 재료를 발견할 수 있는 방법은 다양하다. 책(베스트셀러), 연극, 영화 등 많은 문화를 통해 아이디어를 발견할 수 있다. 보통은 지난해나 이듬해 같은 시즌에 나왔던 미디어의 분석 기사, 경쟁사의 보도 자료 등을 참고하는 게 가장 쉽다. 외신을 통해 같은 업계의 해외기업이 공개한 보도 자료 등도 유용하다.

알아 두면 쓸모 있는 소소한 언론 홍보 Tip

트렌디한 설문조사는 뉴스의 가치를 지닌다
연애 관련 애플리케이션 서비스를 막 시작하는 지인이 필자에게 언론 홍보에 대해 물었을 때, 설문조사를 통한 보도 자료 배포를 추천했다. 이것이 이름도 알려지지 않은 작은 기업의 기사를 미디어들이 작성해줄 수 있는 유일한 방법이라고 강조했다. 또한, 광고보다 더 좋은 효과를 발휘할 수 있다고 말했다.

지인은 회원 설문조사를 통해 보도 자료를 배포하고 좋은 성과를 거뒀다. 많은 기자들이 해당 보도 자료를 인용해 기사를 작성했다. 포털에서는 이 기업의 보도 자료를 인용한 기사가 메인에 걸리기도 했으며, 실시간 검색어(설문 결과)에 오르기도 했다. 서비스를 시작한 지 몇 개월도 되지 않는 애플리케이션이 할 수 있는 최고의 언론 홍보였다.

이때 보도 자료는 좋은 내용의 기획이었지만 아쉬운 부분이 있었다. 보도 자료 내에 해당 회사를 알릴 수 있는 아이덴티티 문구나 소개 문구가 적절하지 않았다. 또한, 포털에서 해당 서비스를 검색했을 때 이 서비스의 이점을 소개하는 내용이 블로그, 뉴스 등에서 거의 찾아볼 수 없었다. 이러한 부분이 다소 아쉬웠다. 홍보를 통해 광고적인 효과까지 거둘 수 있는 기회를 놓친 것이다.

이러한 설문조사를 통한 보도 자료는 일정한 주기를 통해 배포하는 것이 좋다. 현재에도 꾸준하게 설문이나 통계를 통해 미디어에 보도 자료를 배포하는 기업, 연구기관들이 있다. 처음에는 기자들이 해당 보도 자료를 무시할 수 있다. 그러나 좋은 설문은 언젠가는 기사화가 될 것이고, 일 년에 몇 번씩 포털 메인을 장식한다. 많은 사람들이 해당 설문에 대한 결과를 궁금해 하고, 그 결과를 SNS를 통해 친구들과 공유할 것이다.

07
대기업이 벤처 기업과
손을 잡다
– 크거나 독특한 손을 잡아라!

　언론 홍보를 할 이슈가 없을 때는 전략적으로 MOU를 맺거나 콜라보레이션 등 기업이나 개인, 단체와 협력하는 것도 좋은 방법이다.

　큰 기업은 다양한 기업들과 제휴를 통해 사업을 펼치지만, 작은 기업은 그렇지 못한 경우가 다반사이다. 이럴 때에는 사업적으로 도움이 되는 기업과 제휴를 생각하는 것도 좋다. 홍보를 위해서라는 명분이 아니라, 영업 및 마케팅 차원에서 전략적으로 고민해 볼 필요가 있다.

　큰 기업은 특히 다른 기업과 제휴를 할 때에 단순한 이유보다는 사람들이 주목할 만한 명분을 찾는다면 언론 홍보에 큰 도움이 될 수 있다. 기업 간의 사업적인 제휴는 어떤 기업이든지 할 수 있다. 하지만, 그 제휴가 특정한 사회 변화나 독특한 사례일 경우에는 대

중이 주목하고 회사를 알릴 수 있다.

큰 기업일수록 언론 홍보를 하는 것이 쉽지만, 단순하게 보도 자료를 작성하는 것은 '알맹이 없는 껍데기' 언론 홍보이다.

스타트업이 대기업과 손을 잡고 사업을 펼치는 것은 이슈거리가 된다. 기자들은 너도 나도 해당 보도 자료를 베껴서 보도를 할 것이다. 하지만 이런 경우는 극히 드물다.

작은 기업을 알릴 수 있는 최고의 방법이 언론 홍보이다. 광고, 마케팅 예산을 늘리지 못한다면 언론 홍보를 할 수 있는 제휴를 고민하는 것이 가장 좋다.

대기업과의 제휴를 이끌어내는 것이 최고의 방법이지만, 이게 어렵다면 사업적으로 도움이 되는 기업, 이슈가 되는 기업 등과 제휴 혹은 독특한 제휴를 하는 것을 추천한다.

기업은 마케팅이나 매출을 늘리는 방안으로 제휴나 콜라보레이션 등을 한다. 실질적으로 이러한 제휴는 대중의 이목을 집중시켜 해당 제품이나 서비스 등을 더 많이 알리려는 목적도 있다.

또한 제휴가 많이 알려지게 되면 매출에 긍정적인 영향을 미치는 경우도 있다. 요즘 명품 브랜드들이 스트리트 패션 브랜드 혹은 식음료 브랜드, 일러스트레이션 등 다양한 곳과 손을 잡고 제품을 내놓는 것을 볼 수 있다. 이러한 제휴는 제품의 질이나 디자인의 향상보다는 언론과 온라인상에서 주목을 받으며 완판 등의 매출 상승을 이끌기도 한다.

알아 두면 쓸모 있는 소소한 언론 홍보 Tip

시너지를 일으킬 수 있는 두 기업 간의 제휴

스타트업의 언론 홍보를 담당하면서 필자가 기업 대표에게 손을 잡을 수 있는 기업들의 대표를 만나 MOU 등과 같은 기업적인 제휴를 하라고 요청했다. 스타트업은 자사의 제품이나 서비스를 대중에게 계속해서 알려야 하고, TV CF 등 어마어마한 광고비를 지출하기에는 역부족이다. 이럴 때에는 언론 홍보를 계속해서 하는 것이 가장 최고의 마케팅이다. 그중 사업적으로 도움이 되면서 꾸준히 언론 홍보를 할 수 있는 것이 '제휴'이다.

단순히 제휴는 언론 홍보를 할 수 있는 소재를 가져다주는 역할만 하는 것은 아니다. 당시 제휴를 통해 알 수 있었던 것은 비슷한 회사의 사업적인 전략을 알게 될 뿐만 아니라, 사업적인 확장을 통해 매출에도 긍정적인 영향을 미쳤다. 외부에서는 이름도 몰랐던 스타트업을 주목하기 시작했다. 투자자들은 좀 더 해당 기업을 검토하고, 페이스북 같은 SNS에서는 기업의 이미지가 소기업에서 좀 더 큰 기업이라는 이미지로 내비치게 했다. 이런 제휴는 마케팅 측면에서 '거인의 어깨 위에 올라타라'는 맥락과 비슷하다.

08
언론 홍보 전에
뉴스를 기획하라!
- 뉴스를 만드는 기획과 스토리텔링

언론 홍보를 통해 기업이나 제품/서비스를 알리고 싶다면, 홍보를 위한 소재가 나오기를 기다리지 말고 기획을 해야 한다. 새로운 제품이나 서비스 출시, 타 회사와의 제휴 등을 언론에 알릴 수 있는 소재가 나올 때만 보도 자료를 작성해서 홍보하는 것이 아니라, 시즌, 상황 등을 고려해 전체적인 기업의 이미지를 높일 수 있는 언론 홍보를 기획하자.

기획은 두 가지로 나눌 수 있다. 전체적인 언론 홍보 차원에서 전략적인 순서대로 보도 자료를 배포해 노출시키거나, 특정 내용의 콘텐츠를 기획 형태의 기사로 작성해서 배포하는 것이다. 후자는 업무에 바쁜 기자들의 수고를 덜기 위해 다양한 자료를 조사하고, 그 자료를 바탕으로 기획 보도 자료를 작성하는 것이다. 단, 그 기획 보도 자료 내에는 자사의 기업이나 제품/서비스에 대한 내용이 포함돼 있어야 한다.

 브랜딩, 판매 촉진, 이미지 제고, 마케팅 효과 촉진, 인재 채용, 투자자 모집 등 시기마다 홍보를 통해 목표하고자 하는 바를 설정하고, 언론 홍보를 적절하게 활용해서 효과를 볼 수 있다.
 이를 위해서는 무작정 기사를 많이 노출하는 것보다 메시지를 어떤 순서로 기사화해서 타깃 목표에게 보여줄 지에 대해 생각해 볼 필요가 있다. (기업에 대한 기본적인 기사 없이 제품이나 서비스 등에 대한 기사가 나온다면 브랜딩적인 측면에서 좋지 않을 것이다.)

 전체적인 홍보 차원에서도 콘텐츠에 대한 순서가 중요하다. 타인^(기자, 미디어)을 설득해서 기사를 노출해야 하는 언론 홍보에서는

소개 자료가 매우 중요하다. 기업에 대한 소개 없이 이벤트 기사 내용을 기자들에게 보내면 그들이 무시할 경향이 높다. 기자들에게 우선, 프레스킷(기업 소개 자료) 등을 통해 기업을 인지시켜야 하며, 이를 위한 보도 자료를 통해 커뮤니케이션을 해야 한다.

어떤 이슈 없이 기획 보도 자료를 작성해야 할 때에는 트렌드 등을 인지하자. 사회 전반적인 트렌드나, 업계의 트렌드에 부합되는 면, 기업을 알릴 수 있는 면을 부합시킨 기획 기사를 작성해서 배포해야 한다.

예를 들어 새로운 롱패딩을 출시하는 패션 회사라면, 올해 패션 브랜드들이 롱패딩을 출시할 때 어떤 점을 강조했는지를 비교 분석해서 기획 기사로 작성할 수 있다. 하지만, 너무 자신의 회사나 제품/서비스를 중점으로 한 기획 기사를 작성하면 기자들의 외면을 받기가 쉽다. (이런 기사는 '애드버토리얼'라고 여긴다.)

어떤 특정 기업의 이슈를 뒷받침할 만한 언론 홍보도 기획할 수 있다. 신입 직원 채용을 앞두고 있다면 회사를 알릴 수 있는 복지, 직원 봉사 등에 초점을 두고 보도 자료를 배포하면 좋다. 제품이나 서비스를 새롭게 출시하기 전에도 해당 제품/서비스를 만들기 위해 한 행동이나 방법 등을 보도 자료로 작성할 수 있다. 이외에도 창의성 있는 다양한 기획 기사를 통해 기자들에게 취재 기사의 재료를 제공해서 기업 언론 홍보를 할 수 있다.

알아 두면 쓸모 있는 소소한 언론 홍보 Tip

언론 홍보의 첫걸음은 기업 검색

스타트업, 벤처 기업들은 회사의 성장을 위해 투자를 받는 경우가 많다. 필자도 스타트업 투자를 유치하기 위해 홍보 전략을 세워 진행했다. 우선 기업의 브랜드 이미지를 정하고, 회사가 가진 장점, 수익 등을 외부에 알릴 필요가 있었다. 회사 내부적으로 기업이나 서비스에 대한 아이덴티티, 철학 등을 정확하게 수립해야만 홍보도 제대로 할 수 있기 때문이다.

벤처 기업들은 보통 IR(투자를 위한 기업소개서) 자료를 만들고 직접 투자회사에 전달하거나, 이메일 등으로 보내기도 한다. 하지만, 이런 방법으로 투자사와 접촉하기 전에 회사에 대한 정보가 외부에 잘 드러나면 좋다. 홈페이지, 공식 블로그 등을 통해 잘 나타낼 수 있다. 이때 언론 홍보가 투자자들에게 매력적으로 보일 수 있는 좋은 방법이다. (누구나 뉴스를 통해 정보를 얻는 것이 1차원적인 자료 수집이다.)

가장 먼저 필자가 하는 업무는 기업의 아이덴티티와 철학을 잘 나타낼 수 있는 보도 자료를 작성해서 노출시키는 일이었다. 그리고 회사가 지금까지 거둔 성과, 장점 등을 기사화했다. 또한 이 회사가 얼마나 사업을 잘 경영하고 있는지에 대한 전략적인 제휴, 사업 방향을 잘 나타낼 수 있는 기사를 내보냈다. 이후에도 전체적인 브랜딩 이미지에 맞는 기사들을 꾸준히 노출했다. 이렇게 전략적으로 기사화를 할 때에 투자사들이 주목할 만한 산업 분야와 연관성 등도 고려해야 한다.

이렇게 전략적으로 작성된 홍보 기사들은 여러 언론사들에 의해 포털에 노출이 되고, 페이스북 등 SNS를 통해 공유되면서 많은 투자사들이 눈여겨봤다. 투자사들은 적극적으로 관심을 보였고, 그 이후에는 만남을 통해 기본적인 투자 진행 절차가 이뤄졌다. 또한, 사업적인 제휴를 원하는 기업이나 영업적인 측면에도 도움이 됐다. 한 번에 두 마리 토끼를 잡는 셈이었다.

신문 1면에 실렸다고?
오래 전, 친구 A가 운영하는 식당의 언론 홍보를 도와줬다. 필자가 운영했던 회사의 홍보팀은 여러 매체에 A의 독특한 창업이야기 등을 스토리텔링 형식으로 알렸다. 홍보 결과는 성공적이었다. 지하철 조간신문 1면에 친구의 식당 창업 이야기가 인터뷰 기사로 실린 것이다. 이후 친구에게 수백 통의 프랜차이즈 문의 전화가 왔다. 또한, 필자의 홍보팀이 섭외한 여러 방송 프로그램에 친구의 식당이 소개되면서 6개월 이상 피크타임 시간대에 손님들이 줄을 이었다. A는 국내뿐만 아니라, 중국, 미국에도 해당 식당 가맹점과 직영점을 열 만큼 크게 성장했다.

[스페셜 가이드 4] 기업의 스타트업 및 초기 언론 홍보 절차

어떤 고객이 당신의 기업이 만든 제품을 신뢰할 수 있는지에 대해 확인하기 위해 포털 검색을 했다. 또 당신의 기업에 입사하고 싶은 지원자가 기업에 대한 평판이나 정보를 알기 위해 포털에서 검색했다고 하자. 당신의 기업과 관련된 뉴스가 어떻게 나와야 할까?

필자는 평소에도 스타트업이나 초기 언론 홍보 기업이 계획적인 언론 홍보로 회사를 브랜딩해야 한다고 강조한다. 이와 관련해서 필자가 광고의 AIDMA(아이드마)에 착안해서 직접 구성한 초기 언론 홍보 기업의 '온라인 언론 홍보 단계'를 소개한다.

AIDMA(아이드마)는 소비자의 구매 과정을 나타내는 광고 원칙으로, ①주의(Attention), ②흥미(Interest), ③욕구(Desire), ④기억(Memory), ⑤행동(Action)의 머리글자를 따서 표기한 것이다.

1. 인지 단계

인지 단계에서는 보도 자료 타깃이 두 분류로 나뉜다. 타깃 고객과 미디어 기자이다. 타깃 고객에게는 기업의 실체에 대한 신뢰성을 줘야 하며, 기자에게는 어떤 기업인지에 대해 정확하게 인지시켜야 한다.

인지 단계에서는 기업과 관련된 주요 내용을 간단한 보도 자료를 통해 알린다. 신제품, 이벤트, 제휴 등 평범한 보도 자료이지만, 제품과 서비스의 차별화, 특징 등을 나타내서 다른 경쟁 기업과 다르다는 것을 부각시켜야 한다.

또한 강한 인상을 줄 수 있는 보도 자료 내용을 발굴하거나 기획할 필요도 있다. 특히 앵커링 효과(Anchoring Effect)처럼 초기의 보도 자료는 기자들에게 해당 기업의 기사적인 가치나 규모, 이미지를 결정하게 만든다. 이는 향후 보도 자료 배포 시에 눈여겨볼 만한 기업인지에 대한 선택 결정을 하는 중요한 역할을 할 수 있다.

참고로 앵커링 효과란 배가 닻(Anchor)을 내리면 닻과 배를 연결한 밧줄의 범위 내에서만 움직일 수 있듯이 처음에 인상적이었던 숫자나 사물이 기준점이 되어 그 후의 판단에 왜곡 혹은 편파적인 영향을 미치는 현상이다.

2. 브랜딩 단계

타깃 고객이나 담당 기자들을 대상으로 한 기업에 대한 기본적인 인지 작업이 끝났다면, 기업이 가진 고유의 가치와 철학 등을 일관된 메시지로 전달해야 하는데, 이것이 바로 브랜딩이다.

브랜딩 단계에서는 기업이 가진 내용을 단순 보도 자료로 작성해서 배포 노출하는 것이 아니라, 기업의 이미지를 보여줄 수 있는 홍보 기사를 기획해야 한다. 기업이 가진 데이터(판매, 매출 등)나 주요 타깃 고객에게 긍정적인 인상을 줄 수 있는 보도 자료(사회적 공헌, 봉사활동 등)를 주력으로 노출할 것을 권한다.

특히 이 단계에서는 타깃 고객과 연관된 키워드나 트렌드를 확장해서 보도 자료를 기획하면 좋다. 즉 타깃 고객이 20대 초반 여성 소비자라면 해당 집단이 관심을 가지는 콘텐츠를 발굴해서 기업의 제품/서비스에 대한 노출량을 늘리는 것을 추천한다.

  * 브랜딩 : 브랜딩은 소비자들이 머리에서 시작해서 감정적으로 느끼는 것이다. 소비자들은 특정 브랜드에 신뢰감, 충성도, 편안함 등의 감정을 느끼며, 그런 감정들을 갖게 하는 긍정적인 경험들을 통해 그 브랜드에 가치와 이미지를 부여한다.

3. 화제 및 확산 단계

온라인 언론 홍보의 강점은 적은 비용으로 광고보다 더 강한 영향력을 미칠 수 있다는 것이다. 결국 인지와 브랜딩 단계는 화제와 확산 단계를 위해 필요한 절차이다. 만약 화제 및 확산 단계가 먼저 시작된다면 기업에 미치는 긍정적인 영향력은 미미할 수 있다.

화제 및 확산 단계는 인터뷰, 기획, 기업이 가진 고유의 기술력 등 경쟁 기업과 비교해서 확연하게 차별화가 되는 내용으로 언론 홍보를 해야 한다. 처음부터 기업이 가지고 있는 핵심을 공개하기보다는 유지 발전시켜서 알리는 것이 좋다.

해당 단계에서는 정확하게 언론 홍보 내용이 상당한 기사저인 가치를 지녀야 한다. 그리고 그 내용을 입증할 만한 사실과 근거를 갖춰야 할 필요가 있다. 이를 통해 그동안 쉽게 움직이지 않았던 타깃 층을 끌어당겨야 한다.

PART 5
온라인 언론 홍보를 위한 미디어 커뮤니케이션

기자 시절, 필자의 주요 업무는 기사를 작성하는 일 이외에 기업 홍보 담당자나 홍보 대행사 담당 직원과 소통하는 일이 거의 90%를 차지했다. 홍보 담당자들은 기자와 커뮤니케이션을 하고, 자신이 홍보하고 있는 기업에 대한 제품/서비스를 알리기 위해 만난다. 기자와 홍보 담당자들이 식사나 차를 마시는 행위는 서로 필요한 만남이면서도 껄끄러운 자리이기도 하다. 이는 '악어와 악어새'에 비유할 만한 관계이기 때문일 것이다.

필자는 기사를 작성할 때에 보도 자료에 대한 사실 여부를 파악하거나, 기획 기사를 위한 자료 수집을 위해 홍보 담당자들과 전화나 이메일로 연락하는 일이 일상이었다. 이때 홍보 담당자들은 부정적인 내용은 최대한 피하고, 긍정적인 요소들에 대해서만 기자들에게 알리기를 원한다. 하지만 기자들은 주로 새로운 내용이나 부정적인 측면에서 취재를 하기 때문에 홍보 담당자들이 기자를 만나 안면을 트는 일은 매우 중요하다.

홍보 담당자가 기자를 만나는 가장 중요한 이유는 보도 자료의 기사화다. 이는 언론 홍보의 중요한 부분이다.
기자들은 보통 뉴스적인 요소를 판단해서 보도 자료를 기사화 할 지에 대해 고민하지만, 자신이 모르는 기업보다는 알고 있는 기업의 보도 자료를 더 고려할 수밖에 없다. 필자 또한 만남을 통해 기업의 제품이나 서비스에 대해 설명을 듣고 파악을 한 보도 자료에 더 신경을 쓰게 된다.

과거 PR 담당자들의 가장 중요한 업무는 기자를 만나는 일이었다. 요즘에도 기자를 만나 좋은 관계를 유지하고, 자신이 몸담은 회사와 관련된 좋은 기사가 언론사에 실릴 수 있도록 노력하는 일이 PR 담당자들의 숙명이다.

예전에는 PR 담당자와 미디어간의 커뮤니케이션이 기자와의 면대면 만남의 전부였지만, 요즘 같은 온라인 시대에는 만남 이외에도 중요한 부분이 많다. (현재에도 큰 기업을 PR하는 것은 예외로 둬야 할 것이다. 대기업은 기사를 게재하는 일보다 위기관리 등이 더 중요한 업무이다. 다시 말해, 대기업 홍보 담당자들이 기자를 만나는 목적은 중견 중소기업의 PR 목표인 기사 노출보다 위기관리에 비중이 더 쏠려 있다는 것이다.)

온라인의 등장은 수많은 언론사를 양산했다. 이는 홍보 담당자들이 만나야 하는 언론사의 기자들이 많아졌다는 것을 의미한다. 하지만 짧은 시간에 홍보 담당자들이 모든 언론사의 담당 기자들을 만날 수는 없다.

이에 핵심적으로 관리할 수 있는 언론사의 기자들만 만나거나, 나머지 미디어들은 전화나 이메일로 소통을 해야 한다. 이때 홍보 담당자들은 어떤 미디어 기자들을 만나고 어떻게 소통을 해야 하는지에 대한 난관에 직면한다. 이런 것들을 해결하기 위해 조금이나마 도움이 되는 방법 몇 가지를 소개한다.

01
미디어 기자리스트
작성 방법
– 업계 선두 기업을 찾아라!

좋은 보도 자료를 작성하는 것만큼 중요한 일이 미디어와 커뮤니케이션을 하는 것이다. 그중 첫걸음이 자신의 기업이 속한 산업 분야의 담당 기자를 찾는 업무다. 예전에는 직접 전화를 해서 담당 기자의 직통 연락처를 받았지만, 요즘에는 검색을 통해 어떤 기자와 접촉을 해야 하는지에 대해 쉽게 알 수 있다. (면대면 커뮤니케이션을 할 수 없는 상황에서는 정확하게 담당 기자들의 연락처나 이메일을 수집해야 한다.)

언론사마다 기자들의 조직도가 다르다. 작은 언론사들은 한 사람이 크게 한 분야만 담당하거나, 2곳 이상을 담당할 수도 있다. 전문지는 큰 분야를 더 세부적으로 나뉘어 담당하기도 한다.

큰 언론사들은 분야별로 나뉘어 선임 기자와 후임 기자들을 구성한다. 업계 은어로는 1진과 2진, 3진 등으로 구분한다. 보통은 선임 기자가 후임 기자들에게 각각 주요 담당 분야나 기업을 배정해

서 효율적으로 운영한다. 즉, 어떤 기업이 속한 산업 분야의 기자라도 그 기업의 기사를 작성하지 않는 기자들도 있다는 것이다.

　기본적으로 담당 분야의 기자를 찾는 일은 포털에서 해당 분야의 기사를 작성한 기자를 찾으면 된다. 음료 업계라면 음료 관련 기사를 작성한 기자의 이메일과 연락처를 수집하면 된다. 그렇지만, 해당 기자가 음료 업계의 기사를 작성하지 않을 수도 있다.
　기획 기사일 경우에는 언론사 간부의 지시를 받았거나, 특별 취재팀 소속일 수도 있다. 이럴 때에는 경쟁사나 해당 분야의 대표 기업 기사를 검색하면 쉽게 담당 기자들을 찾을 수 있다. 더 정확하게 해당 기자가 담당 기자인지를 알고 싶다면, 해당 언론사로 전화를 걸어 물어보면 된다.

다른 방법은 언론사와 편집국 연락처를 모두 작성한 다음에 언론사 전부에 연락하고 담당 기자와 통화해서 이메일 주소나 연락처를 알 수 있다. 이 방법이 가장 정확하지만 시간이 많이 소요된다. 또한, 작은 기업의 홍보 담당자일 경우에는 해당 기자와 연락이 닿지 않을 수도 있다.

담당 기자 리스트는 수시로 확인해야 한다. 기자직도 이직이 빈번하고, 담당 분야가 주기적으로 바뀌기 때문이다. 이런 이유 때문에 포털에 노출된 기사 중에서 1년이 넘은 오래 전에 작성된 기사들은 거르는 것이 좋다. 다시 말해, 최소 3개월 안에 해당 산업 분야의 기사를 작성한 기자들의 연락처를 찾는 것이 좋다는 것이다.

알아 두면 쓸모 있는 소소한 언론 홍보 Tip

이가 없으면 잇몸, 빠르게 확인하는 기자 리스트

몇 년 전에 누구나 알만한 대형 SOC(사회간접자본) 시설 한곳을 언론 홍보하는 업무를 맡게 됐다. 이 시설을 마케팅 총괄하는 회사의 프로젝트에 필자가 참여하게 된 것이다. 그런데 해당 언론 홍보를 맡은 지 불과 며칠 만에 보도 자료를 미디어에 배포하고 많은 기사를 노출해야 했다.

해당 시설이 크기 때문에 언론 홍보는 어렵지 않았지만, 빠른 시간 내에 담당 분야 기자 리스트를 만들어야 했다. 이때 먼저 포털에서 기존의 해당 시설에 대한 기사를 작성한 기자를 찾았고, 비슷한 계열의 시설 기사를 작성한 기자를 추가적으로 확인해서 기자 리스트를 작성했다.

결과적으로, 빠른 시간 내에 담당 분야 기자들의 이메일 주소를 찾아 보도 자료를 배포해서 많은 기사를 노출했을 뿐만 아니라, 이메일을 통해 연락처를 받았다. 이후에는 연락처로 보도 자료 배포 문자를 보내거나 커뮤니케이션을 원활히 할 수 있었다.

02
기자를 낚는 보도 자료
― 이메일로 보도 자료를 보내는 방법

기자의 이목을 끄는 좋은 보도 자료를 작성하고 담당 기자에게 이메일을 보냈다고 해서 그 보도 자료가 전부 기사화되는 것은 아니다. 다른 기업의 보도 자료와 경쟁을 해서 승자가 돼야 한다. 이때 중요한 점이 효과적으로 이메일을 보내는 작업이다. 이는 단순해 보이지만 대중에게 보도 자료를 노출하기 전에 단 한 명의 독자인 기자의 시선을 먼저 사로잡아야 하는 일이기에 만만치가 않다.

기본적으로 보도 자료는 메일을 열람할 때 본문에 적혀 있어야 한다. 파일로는 '아래아한글'이나 'MS워드'로 작업해서 메일에 첨부하는 것이 좋다. 어떤 기자는 파일 열람 자체를 귀찮아할 수 있다. 또한 기자의 노트북에 특정 문서 프로그램이 없을 수도 있다. 그렇기 때문에 메일에 보도 자료 내용의 전부를 적는 것을 추천한다.

사진도 보도 자료에서 중요한 요소이다. 패션이나 뷰티 같은 보도 자료에서는 사진이 많은 부분을 차지한다. 사진 용량은 적당해야 한다. 너무 크거나 작으면 안 된다. 너무 용량이 큰 사진은 열람이 안 될 수도 있다(미디어 전용 메일은 전체 용량이 작다). 반면 너무 작은 사진은 온라인 기사가 노출될 때 사진이 깨져서 보일 수 있다.

또한 사진에 잡다한 문구를 넣거나 광고성이 짙은 부분은 배제하는 것이 좋다. 패션 같은 경우에는 조잡한 사진 탓에 보도 자료를 거를 때가 있다. 기획 기사일 경우에는 포토샵 등을 사용해서 깔끔하게 편집하는 것이 좋다. 예전에는 단순 그래픽 작업을 했지만, 요즘에는 인포그래픽 등을 활용한 보도 자료 이미지들을 볼 수가 있다.

이메일에 적는 멘트도 고민해야 한다. 너무 형식적인 이메일을 보내는 것보다는 우리가 일반적으로 편지를 보낼 때 날씨나 안부 등의 인사를 맨 처음에 적는 것처럼, 가볍고 공손하게 작성하고 나서 보도 자료에 대해 설명하는 것이 낫다. 특히, 기자와의 미팅 등을 앞두고 있다면 그런 부분들을 암시하고 약속을 잡는 것이 좋다.

보도 자료 파일과 이메일 본문에는 홍보 담당자의 직책, 연락처, 이메일 등을 상세하게 적어야 한다. 대표나 임원진의 인터뷰가 가능하다면 언제든지 인터뷰에 응할 수 있다는 코멘트도 넣는 것이 좋다. 간략하게 회사 소개를 하는 내용이나 특장점을 적어 매력적인 기업이라는 사실을 알릴 것을 추천한다. 기자 입장에서도 매력적인 기업에 더 눈길이 간다.

처음으로 보도 자료를 보낼 때에는 기업을 소개하는 소개 자료나 프레스킷을 준비해서 첨부하면 좋다. 소개 자료에는 기업의 제품, 서비스에 대한 내용 이외에도 대표이사에게 특징이 있다면, 대표 약력도 기재하는 것이 좋다. (기자들이 대표이사의 약력이나 회사의 특장점을 보고 이슈화할 수 있는 부분이 있다고 판단하면, 인터뷰를 요청할 수도 있다.)

알아 두면 쓸모 있는 소소한 언론 홍보 Tip

100통의 보도 자료 중 어떤 보도 자료를 기사화하나?

온라인 미디어 회사를 운영했을 때(기자 시절 포함), 출근 후 가장 먼저 하는 일이 개인 이메일과 (보도 자료를 받는) 미디어 공식 이메일을 열람하는 것이었다. 늘 아침마다 취재나 기획 기사 이외에 대중에게 알려주면 좋을 보도 자료(기사) 몇 꼭지를 선별했다.

어느 날은 이메일이 몇 통 되지 않을 때도 있었고, 어느 날은 어떤 이메일을 열람해야 할지에 대해 고민할 정도로 100여 통의 이메일이 들어 올 때도 있다. 이럴 때에는 큰 회사나 익히 필자가 알고 있는 기업 등의 이메일을 먼저 확인한다. 모든 이메일을 다 확인하지 못할 때도 많았다.

예전에는 필자의 노트북에 소프트웨어 '아래아한글' 프로그램이 없었다. 그런데 첨부된 파일은 '아래아한글'로 저장된 보도 자료였다. 그날 다른 보도 자료가 많아서 그 보도 자료를 기사화하는 것은 단념했다. 홍보 담당자에게 연락을 해서 다른 파일로 받을 수도 있었지만 귀찮았거나, 시간이 여의치가 않았기 때문이다.

03
기자와 홍보 담당자는 '악어와 악어새?'
— 미디어 커뮤니케이션, 기자와의 만남

홍보 담당자가 기자를 만날 때 우선시되는 첫 번째 목적은 단순하다. 기자와 안면을 트고 보도 자료가 잘 나갈 수 있도록 하는 일이다. 새로운 사실을 있는 그대로 보도해야 하는 기자는 보도 자료를 기반으로 기사를 작성한다.

취재나 기획 기사의 기반이 보도 자료이며, 대다수 기자들이 보도 자료를 활용해서 기사 작성을 한다. 수많은 보도 자료 중에서 기자의 선택은 아무래도 자신이 알고 있는 기업의 보도 자료이거나, 자신이 알고 있는 홍보 담당자의 보도 자료이다. 안면을 튼다고 해서 보도 자료가 기사화 되는 것은 아니지만, 확률이 더 높아진다.

홍보 담당자의 두 번째 기자 미팅 목적은 '긍정적인 기사' 보도이다. 홍보 담당자는 자신이 맡고 있는 기업, 기관 등에 대한 긍정적인 기사가 나갈 수 있도록 정보를 제공하고 기사화되도록 알려야 한다. 보도 자료를 통해 모든 미디어에게 기업의 이슈를 알릴 수 있지만, 기자와의 개별적인 미팅을 통해 알릴 수도 있다. 이때 기자가 자신만이 알고 있는 정보라고 생각했을 때 뉴스로서의 가치를 지닌다고 여길 수 있다.

기자와 미팅 시에는 단순한 만남 이외에도 해당 기자에게 전달할 수 있는 소스 기사 재료 등을 가져가는 것이 좋다. 회사 소개서와 시의성과 상관없는 보도 자료를 제작해서 기자에게 전달하면서 기사화가 될 수 있도록 부탁하면, 미팅이 단순 만남이 아닌 언론 홍보를 위한 자리로 바뀐다. 기자 입장에서는 부담이 될 수 있지만,

준비한 자료가 매력적이라면 기사화가 될 것이다. 기자와 홍보 담당자의 소통 관계가 좋을수록 기사화가 될 가능성이 높다.

그렇다면 수많은 미디어가 존재하는 현재의 상황 속에서 어떤 언론사의 기자와 만나야 할까?

정답은 없다. 그러나 기본적으로 종합지, 분야 전문지, 경제지 등 다양한 분야의 언론사 기자들을 만나 볼 것을 추천한다. 그중, 홍보하는 기업의 산업에 영향을 미칠 수 있는 언론사나 해당 기업의 보도 자료를 기사화했던 언론사를 우선으로 만나는 것이 좋다. 또한, 기자와의 미팅 전에 해당 기자가 작성했던 기사를 조사한 후 성향을 분석해 보길 바란다. 어떤 기자는 모든 것을 부정적으로 해석하는 경향이 있다.

요즘 기자들은 기사를 작성하는 것 이외에도 광고 영업의 압박을 받고 있다. 즉, 기자에게 광고를 통한 실적을 요구하는 언론사가 많다. 차장급 이상은 기본적인 광고 실적이 없으면, 미디어에서 퇴출당하기 일쑤라고 한다. 즉, 기자를 만나는 자리에서 광고 영업에 대한 요청이 들어올 수 있다. 이때 기업의 성향에 따라 대처해야 한다.

광고 비용을 사용 가능할 수 있는 기업일 때에는 일정 비용을 언론사 광고에 책정해서 홍보 담당자가 사용 가능할 수 있도록 하는 것이 좋다. 이를 통해 보도 자료가 기사화 되는 것은 어쨌든 기업에 이득이 된다. (언론사마다 적정한 광고비를 책정해야 한다.) 당장 광고 비용을 사용하지 못하는 기업일 경우에는 후일을 도모하자는 식으로 마무리를 짓는 것이 좋다.

기업이 무작정 언론사 광고를 집행하는 일은 비효율적일 수 있다. 그러나 홍보와 광고가 잘만 연계된다면 언론사 광고 집행은 관계성을 위한 전략의 일환이 된다.

대기업이 언론사 광고를 해마다 집행하는 일은 광고 효과보다는 홍보에 대한 '감사의 의미'로 생각하면 이해하기 쉽다. 이런 언론 생태계가 나쁘다고 비난할 수는 없다. 언론사도 기업으로서의 수익을 창출해야 한다. 물론, 언론사가 기업의 약점을 가지고 광고비를 요구하는 것은 좋지 않은 행위이다.

알아 두면 쓸모 있는 소소한 언론 홍보 Tip

기자와 홍보 담당자의 삶

필자는 기자와 언론 홍보 담당자, 두 가지 직업을 경험하면서 양측의 입장에서 미팅을 진행했다. 솔직히 기자의 입장에서는 홍보 담당자와의 미팅에 큰 의미를 두지 않았다. 가끔 새로운 정보나 기획, 취재 기사와 관련된 정보를 얻을 수 있는 자리인 적도 있었지만 단순히 만남에만 의미를 뒀다.

하지만 홍보 담당자였을 때는 기자와의 미팅 목적이 뚜렷했다. 필자가 맡은 기업을 효과적으로 알리고, 기사화가 될 수 있도록 최대한의 노력을 기울이게 된 것이다. 즉 필자와의 만남에 큰 의미를 두지 않고 앉아 있는 기자 앞에서 소통 창구를 열기 위해 무진 애를 썼다.

기사로 광고 영업을 하는 언론사

예전에 모 신문사 선배 기자가 타 언론사의 후배 신입 기자를 나무란 일이 업계에서 화제였다. 해당 선배 기자가 특정 기업에 대한 약점을 가지고 몇 년간 광고 영업을 했다.

그런데 한 신입 기자가 그 특정 기업의 약점을 알게 되고 보도를 하면서 타 언론사의 선배 기자가 뿔이 났다. 더 이상 해당 기업의 약점을 가지고 광고 영업을 할 수 없게 된 까닭이다. 해당 사실은 '가십'으로 몇몇 언론사를 통해 작게 보도됐다.

04
디지털 언론 홍보
1순위의 위기관리

– 기업의 위기관리, 온라인 언론 홍보

    큰 기업일수록 언론 홍보 1순위는 '위기관리'에 더 초점을 둘 수 있다고 해도 과언이 아니다. 큰 기업인 경우 작은 정보라도 뉴스가 될 만한 소재가 되기 때문이다. 예를 들어, 삼성이나 현대 등의 국내 대기업 및 애플, 아마존, 페이스북 등과 같은 글로벌 기업, 그리고 트렌드를 이끌어나가는 핫한 기업일수록 일거수일투족이 뉴스가 된다.

    이러한 기업들은 기사 노출에 신경을 써야 하는 것이 아니라, 언론을 통해 어떤 메시지를 전달할지가 더 중요하다. 또한 그 메시지 안에 미디어로부터 공격을 당할 수 있는 빌미를 제공하는 내용이 있어서는 안 된다.

    큰 기업의 경우 보도 자료를 미디어에 배포하기 전에, 기자들이 질문할 수 있는 예상 Q&A를 정리해 놓는 것도 좋은 방법이다. 핵심 홍보 담당 인사가 자리를 비우더라도 누구나 그 질문에 대답할 수 있는 Q&A 자료를 준비해 놓으면 홍보에 도움이 된다.

가장 중요한 것은 보도 자료에 담긴 정확한 사실과 수치에 대한 근거를 명확하게 제시하는 일이다. 또한 보도 자료에서 명시한 기업의 행동에 대해 미래 예측된 내용을 긍정적인 측면과 부정적인 측면으로 생각해야 한다. 어떤 관점으로 보느냐에 따라 부정적인 내용의 기사가 탄생할 수도 있기 때문이다.

온라인 미디어 환경에서는 특정 기업에 대한 부정적인 기사를 소비자들이 보지 못하도록 하기 위해 다른 보도 자료를 내보내는 방법을 사용한다. 일명 '기사 밀어내기'이다.

기업과 우호적인 관계를 맺고 있는 언론사에 각기 다른 보도 자료를 노출시켜 해당 기업을 검색했을 시에 부정적인 기사가 첫 화면에 나오지 않도록 만드는 것이다.

유가 홍보가 가능한 요즘 시대에 유가 홍보 기사로 '기사 밀어내기'를 하기도 한다. 이때 똑같은 기사를 노출하면 '클러스터링'으로 묶이게 되기 때문에 다른 형태의 기사를 노출하고 있다. 많은 기업들이 이런 방법으로 부정적인 기사를 (언론 홍보) 방어하고 있다.

미디어오늘(2018. 3. 21, 네이버 "삼성 비판 기사 밀어내기, 기술적으로 못 막는다")이 보도한 내용에 따르면, 대기업 등이 공공연한 비판 기사 밀어내기에 대한 행위를 제안할 수 있는 대안에 대해 네이버 측은 어떤 기사는 정상적인 기사이고, 어떤 기사는 홍보성인지 판별할 수 있는 근거가 전혀 없다고 전했다.

무조건 부정적인 기사를 밀어내는 방식은 아마추어적인 언론 홍보이다. 부정적인 이슈가 발생했다면 무대응, 공식 사과, 변명 등 상황에 따라 다양한 입장을 내놓을 수 있다. 각 이슈마다 다르겠지만 부정확한 내용이 보도되는 것을 방지하기 위해서는 정확한 공식적인 입장을 내놓는 것이 좋다.

가장 중요한 사실은 해당 문제에 대한 인정과 그 인정을 통해 시선을 다르게 돌릴 수 있는 방법을 내놓는 것이다. '말 한마디에 천냥 빚을 갚는다'라는 속담처럼, 기업에 닥친 문제를 언론 홍보로 해결할 수도 있다. 이런 점은 경영의 위기관리에 속하지만, 언론 홍보를 통해 어떻게 메시지를 전달하는가는 매우 중요한 사항이다.

알아 두면 쓸모 있는 소소한 언론 홍보 Tip

광고와 바꾸는 부정 기사
몇 년 전에 홍보 대행사에서 일하고 있는 지인으로부터 다급한 연락이 왔다. 모 경제지 편집국 데스크에 아는 사람이 있느냐고 물었다. 자신이 맡은 기업에 대한 부정적인 기사가 포털 뉴스스탠드 메인에 노출돼 광고주가 어떤 방식으로든지 내리길 원한다는 것이다. 지인은 기사를 내리는 대신에 광고를 하면 얼마 정도 집행해야 하느냐고 문의하기도 했다.

결국에는 여러 경로를 거쳐서 부정적인 기사는 해당 언론사 뉴스스탠드 메인에서 사라졌다. 해당 기사는 다른 언론사에서도 다뤘지만, 메인에 게재된 것이 문제였다. 어쩌면, 하루 정도 지나면 메인에서 사라질 기사였는지도 모른다.

기사 밀어내기, 현명한 온라인 언론 홍보 위기관리인가?
포털에서 '기사 밀어내기'를 검색하면, 이 방법으로 위기관리를 한 기업들이 나온다. 솔직히 이렇게 '기사 밀어내기'를 진행한 모든 기업과 관련된 기사가 보도되지는 않았다. 1% 정도가 기사화됐다면 많이 된 것이라고 할 수 있다. 홍보 마케팅 회사에서 진행하는 '기사 밀어내기'는 단순하다. 부정적인 기사로 고민하는 기업에 대한 기사화가 가능한 내용의 보도 자료를 제작해서 언론사 몇 곳에 노출시키면 되는 것이다.

예전에 한 홍보 대행사가 자신들이 맡고 있는 기업에 대한 부정적인 기사가 나왔는데 어떻게 해야 하는지를 필자에게 문의한 적이 있다. 그 부정적인 기사는 특정 언론사가 악의적인 방법으로 작성한 기사가 아닌 부정할 수 없는 사실이었다.

예를 들어, '허위 광고를 하는 기업들'(가상)이라는 제목으로, 홍보하는 기업이 정부기관으로부터 시정 조치를 받았다는 내용이었다. 이럴 때에는 다른 보도 자료를 배포해 '기사 밀어내기'를 하는 것보다는 공식 입장을 밝혀 사후처리가 다른 기업과 다르다는 것을 명시한 보도 자료를 작성 배포해야 한다고 필자는 말했다. 하지만 홍보 대행사가 할 수 있는 일은 보도 자료를 작성하고 노출하는 일이다. 경영의 위기관리에 개입할 수가 없는 것이다.

[스페셜 가이드 5]　온라인 언론 홍보와 위기관리에 관련된 간략한 팁

언론 홍보가 전부였던 시대에서 디지털 PR 시대로 들어서면서 전통 PR만 고집했던 회사들은 문을 닫고 있는 실정이다. 전통 PR에서 '위기관리'만 남았다고 홍보업계는 말하고 있다. 기업과 산업 분야, 상황에 따라 '위기관리' 홍보는 각기 다르며, 정답은 없다.

필자가 그동안 다양한 전문가들의 이야기와 서적, 사회 현상 등을 통해서 보고 느꼈던 온라인 언론 홍보와 위기관리에 대해 간단히 정리해 보겠다. 극히 개인적인 소견이기에 참고만 하길 바란다.

① 근거 없는 소문이 될 일이라면 사전에 차단하자.

블로그, SNS 등 개인 미디어의 등장과 발달로 위기관리의 측면이 언론의 범주를 떠났다. (그러나 개인 미디어들은 언론에서 말하는 정보에 상당히 의존하기도 한다.) 기업에 어떤 위기가 찾아왔을 경우, 해당 위기가 온라인상에서 근거 없이 확산될 수 있는 부분이 있다면 최대한 빨리 공식 입장을 내놔야 한다.

예를 들어, 프랜차이즈 베이커리 빵에 쥐가 들어갔다는 내용이 온라인 커뮤니티나 언론을 통해 알려진 사건이 있다. 몇 달 후 이 사건이 경쟁사의 허위 제보라고 밝혀지더라도 대중은 해당 프랜차이즈에 대한 불신을 한동안 갖게 될 것이다. 대중은 결과보다는 자극적인 사건에 더 큰 관심을 두는 경향이 있다.

② 피할 수 없다면 정면승부하자.

　기업의 잘못이라는 것이 100% 확실하다면 정면 돌파가 답이다. 변명은 금물이며, 공식적인 사과와 조치가 취해져야 한다. '위기는 기회이다'라는 말처럼, 해당 위기가 고객에게 기업에 대한 신뢰를 불어넣어줄 수 있는 계기가 될 수도 있다. 마케팅으로도 활용 가능하다. 일명 '사이다' 같은 조치와 사과는 대중에게 카타르시스를 선사하기도 한다.

　예를 들어, 한 외국계 항공사가 직원의 실수로 1,000만 원을 호가하는 퍼스트 클래스 석을 100만 원도 안 되는 가격으로 판매했다. 이미 엎질러진 물로 모든 고객의 예약을 취소시키면 소비자의 반발을 살 수도 있었다.
　이에 해당 항공사는 실수를 인정하고 퍼스트 클래스 좌석을 예약한 모든 고객에게 취소 없이 서비스를 제공하기로 했다. 이와 같은 사실이 SNS에 일파만파로 퍼지면서 대대적으로 언론에 보도되기도 했다. 결과적으로 해당 항공사를 알리는 엄청난 광고가 됐으며, 고객의 신뢰도 또한 높아졌다.

③ 무대응이 최고의 전략일 때도 있다.

　큰 기업 또는 B2C 위주의 기업이 아니라면 위기를 태연하게 넘기는 것도 방법이다. 오히려, 그 위기에 맞대응을 하거나 설레발을 친다면 좋지 않은 결과를 초래할 수 있다. 사소한 문제가 큰 사태를 야기할 수 있지만 대중이 크게 관심을 가질 만한 문제가 아니라면, 내부적인 조치로 끝내거나 사건이 크게 확대됐을 때 대응을 하는 것도 방법이다.

예를 들어, 한 벤처 기업이 좋지 않은 기사로 SNS나 온라인커뮤니티 등에 화제가 된 적이 있다. 해당 벤처 기업 대표는 SNS를 통해 해당 사실에 대해 공식 입장을 내놓았다. 몇몇 사람들은 그 입장이 변명이라며 더 공분했다. 억울함과 화를 참지 못한 벤처 기업 대표는 SNS를 통해 여러 사람들과 설전을 했고, 기자들의 이목을 더욱 집중시켰다. 해당 사실은 많은 언론사에 보도가 됐으며, 결국 관련이 없는 사람들까지 알게 됐다.

④ 처음부터 단정적인 말을 금하자.

가끔 언론 등을 통해서 불확실한 사실이 진실인 듯 알려질 때가 있다. 어떤 의혹을 제기하는 추측성 보도이다. 이럴 때에 언론이나 대중은 기업의 빠른 답변을 듣고 싶어 한다. 답변이 나오기도 전에 몇몇 개인 미디어를 통해 불확실한 사실이 진실로 둔갑하기도 한다. 기업 입장에서도 사실인지 거짓인지에 대한 판단이 어려울 때는 정확하게 파악을 한 후에 알리겠다고 공식 입장을 내놓는 것을 추천한다. 또한 사실이 판명될 때까지 지속적인 커뮤니케이션을 통해 기업의 책임을 다할 것이라는 것을 대중에게 주지시킬 필요가 있다.

예를 들어, 한 연예인에 대한 부정적인 소식이 인터넷에서 화제가 되면서 보도가 됐다. 소속사 입장에서는 소속 연예인을 믿기 때문에 허위사실 유포 및 명예훼손에 대한 강력 대응을 시사했다. 하지만 나중에 그 연예인에 대한 부정적인 소식이 진실이라는 게 밝혀졌다. 이때 해당 연예인은 더 역풍을 맞았다. 그 연예인은 자신의 의도와 상관없이 거짓말쟁이로 낙인이 찍힌 것이다. 빠른 사과는 아니지만, 정확한 진위를 파악하고 뒤늦게라도 사과를 먼저 했더라면 해당 연예인의 타격을 줄일 수 있었을 것이다.

⑤ **새로운 이야기를 하라.**

온라인에서 기업에 대한 안 좋은 말이 많다면, 새로운 이야기를 통해 화제를 전환시키는 것도 하나의 방법이다. 보통 경제, 정치적인 이슈가 수면 위로 떠오르기 전에 연예인의 열애설로 묻히는 경우들이 있다.

기업이 새로운 이야기를 하는 것도 이와 유사하다. 화제의 전환은 좋은 방법일 수도 있고, 안 좋은 방법일 수도 있지만, 위기에 대한 충격을 완화할 수는 있다. 온라인 홍보에서는 더욱 그러한 경향을 띤다.

예를 들어, 어떤 기업의 사소한 몇몇 문제가 간혹 언론사에 보도되거나, SNS를 통해서 회자가 됐다. 큰 문제를 야기하지는 않았지만 지속적으로 조금씩 기업의 이미지는 나빠지고 있었다.

회사 설립 후 인터뷰를 거부했던 대표는 많은 언론사들의 인터뷰에 응했다. 그리고 적극적으로 다른 기업과 차별화된 사내 복지에 대해 홍보를 했다. 이에 그 기업의 이미지는 대표가 어렵게 일군 성공 신화인 동시에 사내 복지가 좋은 회사로 인식됐다. 더 이상 사소한 몇몇 문제들에 이의를 제기하는 이들은 없었다.

PART **6**

온라인 언론
홍보의 확장

예전부터 큰 기업들은 사보(회사 내 소식을 전하는 정기간행물)를 통해 회사의 소식을 전체 직원들과 공유했다. (사보를 발행하는 이유는 소식 공유 이외에도 회사의 자긍심 등 더 다양하게 있을 수 있다.)

단, 대학 같은 유관기관 등 사보를 원하는 곳에는 유·무료 구독 형태로 전달하기도 했다. 사보는 PR적인 성격을 지니고 있어 회사 내부뿐만 아니라, 외부 홍보에도 이용할 수 있기 때문이다.

온라인 시대에는 큰 기업들이 회사의 소식을 보도 자료와 사보 등을 넘어서 다양한 방법으로 전달하고 있다. 회사가 직접 공식 사이트 혹은 인트라넷을 통해 소식을 전하기도 하고, 블로그, SNS 등 다양한 온라인 플랫폼을 통해 기업의 소식들을 알리고 있다.

구직 사이트에 구직 공고를 올리거나, 공식 사이트에 공모전 배너를 게재하는 것 등도 모두 홍보의 범주에 속한다고 할 수 있다. 즉, 규모가 큰 기업들은 언론을 통한 홍보에만 의존하고 있지는 않다.

01
삼성, 페이스북 등은 직접 미디어(Owned Media)를 운영한다?

애플, 페이스북 등 글로벌 기업들은 공식 채널(뉴스룸)을 통해 전 세계 언론사에 회사 소식을 전하고 있다.

국내 기업인 삼성, 엘지 등도 마찬가지로 온드 미디어격인 뉴스룸을 운영하고 있다. 따라서 이들 기업에 대한 홍보 자료를 직접 받지 않은 국가의 언론사 기자들은 이러한 사이트를 통해 기업의 소식을 접하고, 자국의 국민에게 알릴 수 있다.

또한 기업은 대중이나 마니아층에게 정확하고 빠르게 소식을 알릴 수 있는 창구로 자체 뉴스룸을 운영하고 있다. 주로 뉴스룸에는 언론사에 배포하는 보도 자료를 세새하시만, 사내 소식이나 외부 전문가 기고문 등을 게재하기도 한다. 일명 뉴스룸은 기업의 온라인 미디어 사이트적인 성격을 띤다.

기업의 홍보 자료를 올리는 뉴스룸은 자체 사이트를 제작하거

나 블로그를 사이트 형태로 개편해서 운영하고 있다. 작은 기업의 경우 뉴스룸이라는 단어는 쓰지 않지만, 블로그 등 개방형 플랫폼을 통해 보도 자료나 회사 내부 소식을 전하고 있다.

예전에는 기업이나 기관이 보도 자료를 공식 홈페이지 사이트에 자료실을 마련해 올렸다. (프레스킷으로 최신 보도 자료들을 정리해 기자 미팅에 전달하기도 했다.) 요즘과 같은 소셜미디어 시대에 소위 말하는 개방이나 공유라는 개념보다는 폐쇄적인 경향이 강했다. 간단히 말해, 보도 자료는 언론이라는 곳을 통해서 홍보가 이뤄져야 한다는 인식을 지닌 것이다. 하지만 온라인은 언론 홍보의 개념을 '언론'에만 국한시키지 않고 자체 미디어로 확장했다.

현재 온라인 홍보의 첫걸음은 자체 플랫폼을 운영하는 일이다. 국내에서는 주로 포털이 제공하는 블로그를 기업의 소식을 알리는 창구로 사용한다. 이는 검색 노출에 대한 이점 때문이다.

국내 대형 포털은 검색 시 웹페이지보다는 블로그 등 포털이 제공하는 플랫폼 위주로 우선 노출한다. 즉 자체 웹페이지를 제작해서 좋은 콘텐츠를 작성하고, SEO 같은 기술력을 높여도 소용이 없다는 것이다.

다시 말해, 작은 기업들은 블로그를 활용해서 뉴스룸 같은 형태의 보도 자료 등을 만들어서 기업의 소식을 올리는 것이 노출률을 높일 수 있다. (대기업들은 뉴스룸을 네트워크 배너 광고를 통해 노출하기도 한다.)

기업 내부 소식이 많다고 해서 매번 보도 자료를 배포하는 것은 좋지 않다. (대기업은 예외이다.) 이럴 때에는 기업의 내부 뉴스룸을 운영하면서 일주일에 한 번 정도 제목과 링크 형태로 담당 기자들에게 이메일을 보내는 것을 추천한다. 이를 통해 기자들은 기업에 대한 다양한 형태의 기사를 작성할 수 있다. 큰 기업들이 뉴스룸을 운영해야만 하는 이유는 모든 소식을 보도 자료로 전달하기에는 내부적인 소식이 너무 방대한 탓도 있다. 홍보 담당자들이 명심해야 하는 것은 핵심 보도 자료만 주기적으로 배포하는 것이 기자들의 관심도를 계속 유지시킬 수 있다는 점이다.

알아 두면 쓸모 있는 소소한 언론 홍보 Tip

보도 자료 대신 글로벌 기업 뉴스룸을 찾는 기자들

필자는 잠깐 IT 담당 기자로 일할 때가 있었다. 그 당시에 아이폰의 등장은 현재 스마트폰 세상을 만든 시발점으로 작용했다. 필자는 늘 아이폰에 대한 소식을 주시하며 기사 소재를 찾았다. (간단한 아이폰 기사라 하더라도 수만 명의 사람들이 읽었기 때문이다.)

애플은 국내 언론사에 보도 자료를 배포하지 않았다. 이러한 상황에 외신을 보거나, 다른 언론사가 작성한 아이폰 관련 기사를 구글 등에서 찾아야 했다. 이때 많은 외신들이 보도 자료보다는 애플의 공식 블로그를 참고해서 기사를 쓴다는 사실을 알게 됐다. 페이스북도 공식 사이트에 뉴스룸이란 섹션을 통해 회사의 소식을 알리고 있었다.

02
기업 뉴스룸(홍보 사이트)이 미디어가 된다!

매일 다양한 뉴스가 쏟아지는 큰 기업들의 뉴스룸은 단순 홍보 자료를 게재한 사이트가 아닌 온라인 미디어로서의 자격을 갖추게 됐다. 국내 포털에서는 스포츠 구단, 엔터테인먼트사 등 트래픽을 유발할 수 있는 기관이나, 기업 등이 제작하는 홍보 콘텐츠를 뉴스화하고 있다. 구글은 콘텐츠를 제작하는 누구나 뉴스 섹션에 정보를 제공하는 미디어로서의 자격을 수여한다. 한마디로, 기업이 직접 제작한 홍보 기사가 구글 뉴스에 노출되는 것이다.

국내에서는 삼성, LG 등 일부 대기업 뉴스룸이 구글 뉴스에 노출되고 있다. 해외에서는 이미 많은 기업이 자사의 소식을 전하는 콘텐츠를 구글 뉴스에 제공한다. 즉, 뉴스가 많은(다량의 콘텐츠 생산이 가능한) 기업은 구글 뉴스 미디어 등록을 통해 홍보 기사를 노출하면 효과적인 언론 홍보를 할 수 있다.

국내에서는 구글의 검색 점유율이 떨어지지만, 글로벌 사업을 펼치는 기업에게는 좋은 홍보 채널로 사용 가능하다. (미디어만 뉴스 섹션 등록이 되는 국내 포털 환경에서는 네이버 블로그 및 포스트, 다음 브런치 등을 활용하면 된다.)

구글에 뉴스를 제공하는 절차는 간단하다. 뉴스룸 같은 사이트가 있다면 구글에서 '뉴스 게시자 고객센터'를 검색한 후 절차를 따르면 된다. 워드프레스, 티스토리 등과 같은 설치형 블로그(사이트)를 이용하면 개발에 대한 전문적인 지식이 없어도 누구나 등록이 가능하다. 매월 일정 비용으로 뉴스 사이트 솔루션을 제공하는 업체에서 기업 뉴스룸 사이트를 제작하면, 해당 솔루션 업체에서 구글 뉴스 등록을 요청할 수 있다.

글로벌 기업들이 뉴스룸을 제작해서 영문으로 된 보도 자료를 작성한 후 구글 뉴스에 노출하면 전 세계 국민 및 언론사들과 소통할 수 있다.

그리고 해당 뉴스룸 사이트를 전 세계 언론사 담당 기자들에게 이메일로 전달하면 더 빠르게 소통할 수 있다. 온라인 시대에는 굳이 각 국가별로 언론 홍보 대행사를 두지 않아도 자국을 거점으로 한 전 세계 언론 홍보를 할 수가 있는 것이다.

알아 두면 쓸모 있는 소소한 언론 홍보 Tip

미디어의 영향력은 포털

필자가 온라인 미디어 사업을 시작할 때 가장 어려웠던 것은 포털에 뉴스를 공급하는 일이었다. 국내 포털 등은 기본 자격이나 심사를 거쳐 뉴스 섹션에 기사를 노출할 수 있는 권한을 줬다.

포털에 뉴스를 공급하지 못하면, 기업 보도 자료를 받는 일도 어려웠다. 기업과 홍보 담당자들은 포털에 뉴스가 노출되지 않는 언론사에는 전혀 관심을 두고 있지 않다. 독자 확보가 어려운 탓에 영향력이 없다고 여기기 때문이다. 국내 미디어의 영향력은 콘텐츠가 아니라 포털의 노출 범위에 의해 결정된다.

03
포털 메인처럼 기사를 노출하는 방법
- SNS를 활용한 언론 홍보

    페이스북과 같은 SNS의 성장은 한 개인을 콘텐츠 제작자뿐만 아니라 유통자적인 역할도 수행하게 만들었다. 네이버, 다음 같은 포털에서 기사를 보는 것이 아닌, 페이스북에서 친구가 추천하는 기사나 자신이 구독하는 페이지가 제공하는 뉴스나 콘텐츠를 소비하는 이들이 늘어났기 때문이다. 그 중 영향력이 있는 개인이 추천하는 콘텐츠가 많은 사람들에게 노출되고 있다. 이는 언론 홍보에 있어서 포털 뉴스보다 SNS를 활용하면 더 나은 효과를 볼 수 있다는 것을 방증한다.

    한 기업의 대표나 임원진 등은 자신의 회사가 언급된 기사들을 페이스북에 공유하는 경향이 있다. 그때 보통 지인들은 공유된 기사에 '좋아요', '댓글' 등으로 평소보다 더 관심 있게 피드백을 한다. 이때 뉴스가 가진 신뢰성이나 영향력을 알 수 있다. 일반인에게는

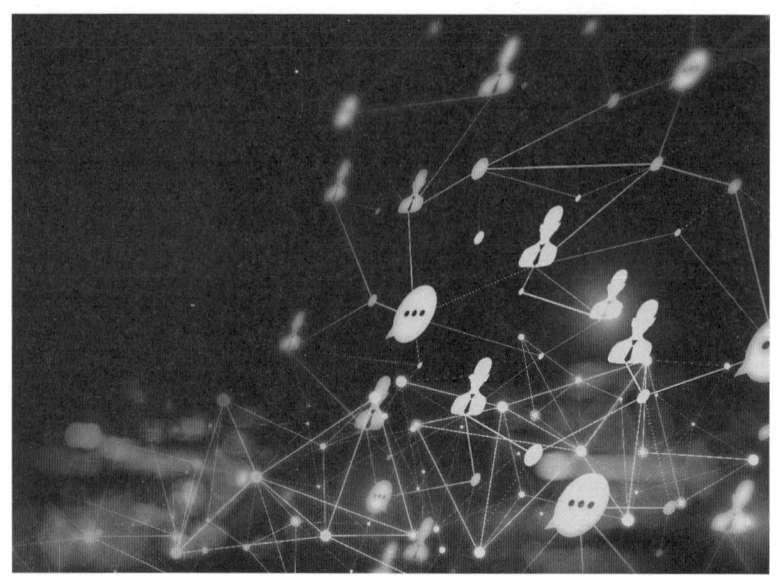

언론사 뉴스에 나온다는 사실이 여전히 이목을 집중시키는 일인 것이다. 특히 기사는 블로그, 회사 사이트 등에 올린 글보다 더 많은 사람들이 주의 깊게 본다.

　최근 기업들은 홍보 기사를 페이스북 등을 통해 광고하고 있다. 페이스북에 게재된 홍보 기사 게시물에는 광고라는 표시가 돼 있지만, 일반 콘텐츠 게시물보다 접근성이 더 좋기 때문이다. 즉, 기사로 된 콘텐츠는 클릭율과 신뢰도를 높일 수 있다.

　예를 들어, 매출 100억 원을 기록했다고 대표가 직접 말하는 것보다 매출 100억 원을 기록했다는 기사를 공유하는 것이 사람들의 시선을 집중시키는데 더 효과적이라는 것이다.

이것은 본인이 자기 자신을 칭찬하는 것이 아니라, 남이 자기를 칭찬하는 것이 더 신뢰가 가는 것과 같은 이치이다.

포털 메인 뉴스 섹션에 기업의 홍보 기사를 게재하기는 어렵지만, 페이스북 타임라인 메인에는 돈을 지불한 만큼 계속해서 홍보 기사를 노출할 수 있다. 대중의 호기심을 유발하거나, 이슈를 만들 만큼 매력적인 콘텐츠(기사)라면 집행한 광고 비용 효과보다 더 많은 사람들에게 기사를 노출할 수도 있다.

페이스북의 가장 큰 장점은 공유라는 기능이다. SNS에서 많은 주목을 받게 되면 포털 실시간 검색어에 오르기도 하며, 그 내용을 가지고 기자들이 다시 기사를 쓰기도 한다. 억울한 폭행, 실종 사건 등 SNS에서 먼저 주목을 받은 후에 세상에 드러나는 기사를 우리는 어렵지 않게 접할 수 있다.

알아 두면 쓸모 있는 소소한 언론 홍보 Tip

페이스북에 기사를 공유하면 생기는 일

페이스북에서 지인들은 자신이 나온 인터뷰 기사나 자신이 운영하거나 몸을 담고 있는 회사에 대한 기사를 종종 공유한다. 그때마다 지인이 소속되거나 운영하는 기업에 대해 한 번 더 눈길이 간다. 필자가 몰랐던 지인의 이야기에 대해 생각해보거나, 그 지인이 특정 분야에 종사하거나 사업을 한다는 사실에 대해 평소보다 더 집중한다. 이전에도 그 지인이 "저는 이런 사업을 하고 있습니다.", "저는 이런 일을 하고 있습니다." 등 많은 게시물을 올렸지만, 뉴스에 나왔다는 사실 하나만으로 지인에 대해 다시 한 번 생각해 보게 되는 것이다.

04

많은 댓글이 홍보 기사를
포털 메인으로
데려다 준다?

– 뉴스와 댓글

포털에서 뉴스를 클릭하면서 우리가 기사 본문 이외에 더 관심을 가지는 곳이 있다. 바로 뉴스에 대한 타인의 생각을 알 수 있는 '댓글창'이다.

어떤 사람은 뉴스 제목과 댓글만 본다고 말하기도 한다. 그만큼 뉴스 댓글이 가진 영향력이 기사의 내용보다 강할 때가 있다. 심지어 기자들이 기사를 작성할 때 댓글에 달린 내용을 참고하기도 한다. 특정 뉴스에 대한 일반인의 생각을 기사 본문에 댓글을 적어 보도하는 것이다.

댓글은 독자의 생각도 바꾸게 한다.

2018년 연세대학교 바른ICT연구소에서 한국리서치를 통해 20~50대 약 900명을 대상으로 진행한 '인터넷 댓글 조작 효과'에 대해 연구한 결과에 따르면, 성인 4명 중 1명은 뉴스 댓글을 읽고

의견을 바꿨다.

　뉴스와 댓글을 접한 이용자 4명 중 1명꼴로 뉴스를 보기 전과 후의 생각이 달라진 것이다.

　연구 결과를 보면, 대체적으로 댓글 내 다수 의견과 베스트댓글(베댓)의 내용과 일치하는 방향으로 의견을 바꿨고, 베댓보다는 다수 의견에 더 영향을 받는 것으로 조사됐다.

　이는 우리가 온라인 오픈마켓에서 상품을 구매할 때 상품 리뷰를 보고 상품 구매 유무를 결정하는 것과 유사하다. 뉴스에 대한 생각을 타인의 댓글에 의지해 생각한다고 분석할 수 있다.

　예를 들어, 한 화장품이 1달 만에 10만 개를 판매 달성했다는 보도 자료가 기사화됐다고 하자.

　그런데 그 화장품 기사에 달린 댓글들이 좋지 않는 평이 많다면, 그 기사를 본 소비자는 그 화장품을 구매하고 싶지 않을 것이다. 반면에 좋은 댓글이 달렸다면, 기존에 그 화장품에 대해 부정적인 이미지를 가졌다 하더라도 긍정적인 이미지로 바뀔 수 있다는 것이다. 이를 통해 부정적인 이미지를 가진 소비자도 그 화장품을 구매하게 된다.

　이처럼 온라인 시대의 언론 홍보는 기업에 대한 긍정적인 내용의 기사 노출로 끝이 아니다. 해당 기사에 대한 댓글까지 관리해야 한다.

　포털은 이용자가 오래도록 머물 수 있는 수단을 연구해서 다양한 방법으로 뉴스를 노출하고 있다. '많이 본 기사', '댓글 많은 기사', '관련 기사' 등 다양한 뉴스 보기 서비스로 방문자의 체류율을 높이고 있다.

이는 간단한 방법으로도 홍보 기사를 더 많은 사람에게 노출할 수 있다는 것을 말한다. 그중 가장 쉽게 할 수 있는 방법이 댓글이다.

많은 팬을 거느리고 있는 아이돌이 앨범을 내면 '댓글 많은 기사'와 많이 본 기사에 오를 수밖에 없는 구조이다. 이에 포털 뉴스 편집자도 해당 기사를 메인에 배치할 수밖에 없는 것이다.

알아 두면 쓸모 있는 소소한 언론 홍보 Tip

'드루킹 댓글 사건'은 왜 불법인가?

2018년 3월, 국내 1위 포털 '네이버'를 크게 뒤흔든 사건이 있다. 일명 '드루킹 사건'이다. 친노 친문 파워블로거이자 경제적공진화모임(경공모) 대표 김동원(필명: 드루킹)을 비롯한 경공모 회원이자 더불어민주당 권리당원들이 뉴스 댓글을 통해 여론조작을 했다는 혐의가 드러났다.

이들이 정부 여당에 인사 청탁한 것이 거부된 데 반감을 갖고 네이버 뉴스 기사 댓글에서 매크로 프로그램을 이용해 문재인 정부를 비방하는 여론 조작 활동을 한 것이 적발된 것이다.

'드루킹 사건'은 단순히 문재인 정부를 비방하는 것에 그치지 않았다. 이들이 19대 대선 이전부터 문재인 당선과 옹호를 위해 인터넷 포털 등에서 조직적인 여론을 조작(?)했다는 증거가 나왔다.

댓글 조작 사건의 주범인 드루킹은 이 사건의 최종 책임자로 김경수(경남 도지사)를 지목해 논란이 됐다. 자유한국당과 바른미래당 등 야당 측은 이 사건을 문재인 대통령 당선 무효도 가능한 여론 조작 게이트라고 규정하기도 했다.

'드루킹 사건'은 특별 검사팀(특검)을 통해 더 자세하게 밝혀졌다. 2018년 8월 27일 특검은 수사 결과 보고를 통해 드루킹 일당이 댓글 조작 1억 회 중 8,840만 회를 김경수와 공모했다고 결론을 내렸으나, 김경수 측은 제기한 혐의를 전면 부인했다. 특검은 드루킹 일당을 업무 방해와 정치자금법 위반 혐의로, 김경수를 업무 방해와 공직선거법 위반 혐의로, 김경수의 보좌관을 뇌물수수 혐의로 각각 불구속 기소하기까지 했다.

더 정확하게 '드루킹 사건'을 보면, 드루킹 일당이 2016년 12월부터 2018년 3월까지 포털 사이트 네이버, 다음, 네이트 뉴스 기사 총 8만여 개에 달린 댓글에 9,900만여 건의 공감 또는 비공감을 부정 클릭했다.
즉, 특정 기사에 여론을 움직일 정도로 많은 댓글을 달고, 그중 그들의 메시지가 담긴 댓글을 '공감'을 통해 베스트 댓글로 만드는 것이다. 이때 수많은 인력을 동원할 수 없는 탓에 매크로 프로그램을 사용했다.

'드루킹 사건'은 네이버 뉴스 댓글 정책을 본격적으로 바꾸게 했다. 2018년 10월 22일부터 언론사가 각 해당 매체 기사의 댓글 제공 방식을 직접 선택할 수 있도록 변경했다.
언론사는 자사 기사에 '댓글 제공 여부', '기사 본문 하단 댓글 노출 여부', '댓글 정렬방식'에 대하여 섹션별로 선택할 수 있다. (연예/스포츠 등 타 서비스 기사에는 적용되지 않는다.)
전체적으로 한 계정이 댓글을 달 수 있는 수를 제한했고, 한 번 댓글을 달면 이후 댓글을 다는 시간까지 제한했다. (드루킹 사건의 결론은 아직 정확하게 내려지지 않았기 때문에 뉴스를 참고하길 바란다.)

댓글이 많은 뉴스를 클릭한다

지인 중에 엔터테인먼트 사업을 했던 친구가 있었다. 소속 가수가 앨범을 낼 때마다 보도 자료를 배포하는 작업을 직접 진행하는 그가 어떻게 하면 홍보를 더 잘할 수 있는지에 대해 물었을 때 필자는 간략하게 답했다.

"유명하지 않는 가수가 포털 메인 부분에 오르는 방법은 딱 한가지가 있다. 앨범 홍보 기사가 노출되면 지인을 총동원해 빠른 시간 내에 응원 댓글을 달도록 독려해라."

앨범 홍보 기사가 노출이 되고 그는 지인을 총동원해 응원 댓글을 달라고 부탁했다. 그 결과, 모 포털 연예 섹션 '댓글이 많은 뉴스'에 지인의 앨범 홍보 기사가 베스트 10위 안에 게재됐다.

05
뉴스가 실시간 검색어를 장악한다?
– 홍보 기사와 광고

포털 뉴스 메인에 기업에 대한 기사가 게재되는 것보다 더 파급력이 강한 온라인 홍보는 '실시간 검색어'에 오르는 일이다.

보통 실시간 검색어는 포털 메인에 화제를 불러일으킬 만한 기사와 관련된 것, 실시간 TV 방영 프로그램 및 출연 연예인, 엄청난 사건 등이 주로 순위에 랭크된다. 이런 점들을 종합해 볼 때 이슈를 일으킬 만한 홍보 기사도 역시 실시간 검색어에 오를 수 있다. 기업에 대한 홍보 기사가 포털 메인에 오르거나, SNS, 커뮤니티에서 화제가 됐을 때 실시간 검색어에 오를 수도 있다는 것이다.

언론 홍보가 기업의 매출에 큰 영향을 미치기 위해서는 결국 '콘텐츠'가 중요하다. 하지만 포털 메인에 기업 홍보 기사가 걸리는 것은 어렵다. 포털 메인에 일반 기업의 기사가 게재되기 위해서는 보통 특이한 인터뷰, 엄청나게 획기적인 소식, 가치 있는 선행 활동

등 뉴스로서 최상위 가치를 지녀야 한다.

오히려 온라인 미디어 환경 상 기업에 대한 부정적인 이슈가 포털 메인에 노출되는 것이 더 쉬운 일일 것이다. 보도 자료에 특이할 만한 이슈가 없는 한 실시간 검색은커녕 포털 뉴스 메인에 걸리기도 어렵다.

특정 기업이나 제품/서비스 등이 드라마 PPL, 뉴스 기획 기사, 생활 프로그램 등을 통해 TV에 노출돼 실시간 검색어에 오르는 것을 자주 볼 수 있다.

보통 기업들이 TV에 자사의 이름이나 제품/서비스 등이 나온다는 사실을 알 경우 미리 홍보 기사를 내보내는 것이 좋다. 이때 가장 좋은 보도 자료는 기업 제품/서비스의 장단점이나 이벤트 등의 내용 위주로 기획을 하면, 매출에 긍정적인 영향을 미칠 수 있다. 특히 PPL을 하는 기업들은 단순 PPL 협찬 기사 외에도 기업의 목표가 되는 내용을 보도 자료로 만들어 배포 노출하는 것이 좋다.

드라마 PPL처럼 광고와 홍보를 연관시키면 엄청난 파급 효과를 일으킬 수 있다. 만약, 누구나 호기심을 가질 만하거나 주목받을 만한 일이 기업에 생긴다면 해당 기사를 SNS 광고 등으로 많은 사람들에게 노출시켜 포털 메인, 실시간 검색어까지 올릴 수도 있을 것이다.

해당 기사에는 꼭 포털 검색을 해야만 하는 요소를 심어두는 것이 좋다. 예를 들어, 요즘처럼 여행족이 많은 시대에 저렴한 항공권 기사는 해당 사이트를 마비시킬 정도로 큰 파급력을 지닌다. 트렌디한 제품을 저렴하게 파는 파격 세일 같은 기사에도 마찬가지다.

알아 두면 쓸모 있는 소소한 언론 홍보 Tip

사이트 서버 마비는 진실일까?

미국의 '블랙프라이데이'는 추수감사절 다음 날인 금요일로, 1년 중 가장 큰 폭의 세일시즌이 시작되는 날이다. 국내에서도 이날에 파격적인 세일을 통해 판매를 촉진하고 있다.

최근 블랙프라이데이 기간 파격 세일이나 이벤트를 통해 브랜드나 오픈마켓이 실시간 검색어에 자주 오르내리는 것을 쉽게 볼 수 있다. 유명한 브랜드는 홍보 기사만으로도 실시간 검색어 1위를 차지하기도 한다. 또한 특정 시간에 접속자가 몰리면서 사이트 마비까지 유발시킨다.

이런 점은 기자들에게 해당 기업의 기사를 양산하게 만들뿐만 아니라, 소비자의 구매 심리를 더 자극해서 모든 제품을 완판까지 이끌고 있다.

이때 소비자는 '사이트 마비'에서 짚고 넘어갈 점이 있다. 보통 브랜드 사이트는 언론사나 오픈마켓 같은 곳보다 서버 용량이 크지 않은 탓에 1만 명 정도가 동시 접속하지 않아도 사이트 서버 마비를 일으킬 수 있다.

몇몇 기업은 이런 점들은 말하지 않고, 구매를 하려는 소비자가 몰려 사이트 마비가 됐다고 보도 자료를 배포하기도 한다.

합법적인 실시간 검색어

몇 년 전에 독특한 온라인 이벤트 기업을 알게 됐다. 해당 업체는 특정 시간대에 사이트 가입 고객들에게 미션을 부여했다. 그리고 미션을 수행한 가입자 300명에게 커피 기프트콘 등을 선사했다.

이 기업이 시행한 이벤트의 놀라운 점은, 포털 실시간 검색어 등에 이벤트 기업의 이름을 올릴 수 있다는 것이다.

미션을 수행하기 위해서는 포털 검색을 통해 정답을 찾아야 하므로, 순식간에 수천 명이 해당 이벤트 기업이나, 제품, 서비스 등을 검색한다.

이는 실시간 검색어에 반영돼 검색어 순위, 연관검색어 등에 오를 수 있다. 이것은 매크로 등의 조작이 아니라, 순수한 이벤트를 통한 결과였다.

06
온라인 언론 홍보의
큰 돈 '네이티브 광고'
- 언론 홍보와 네이티브 애드

    온라인 홍보가 광고를 만나 네이티브 광고^(Native AD)라는 타이틀을 갖게 됐다. 네이티브 광고란 해당 웹사이트나 특정 서비스 플랫폼에 적합한 방식으로, 기획 제작된 광고이다.
    네이티브 애드는 언론사 홈페이지에서는 기사 형태로, SNS에서는 해당 SNS의 콘텐츠 형식으로 만들어진다. 일반 광고처럼 일방적인 주입식이 아니라, 유익한 정보를 보여주면서 광고주의 브랜드/상품/서비스를 은근히 알리는 식이다. 네이티브 광고는 언론사 기사 형태의 콘텐츠 광고뿐만 아니라, 현재 인플루어서가 유튜브, 인스타그램, 페이스북 등에서 광고주의 브랜드/상품/서비스에 관련된 콘텐츠를 제작해 알리는 형태를 총칭한다고 할 수 있다.

    네이티브 광고의 경계선은 모호하다. 우리가 흔히 알고 있는 기획 기사 형태의 보도 자료를 '네이티브 광고'라고 표시하지는 않지만 비슷한 형태이다. 온라인 언론에서 일방적으로 특정 기사를 과다 노출시킨다면 '네이티브 광고'가 된다.

이에 대한 클릭률을 높이기 위해서는 유익한 정보의 형태의 기사 콘텐츠로 제작해야 하며, 결국은 광고주의 브랜드/상품/서비스가 잘 표현돼야 한다고 할 수 있다. 반면, 노출이 아닌 콘텐츠 자체가 흥미를 유발하거나 유익한 형태로 제작해서 광고주의 타깃 소비자들이 많이 보게 만드는 것도 '네이티브 광고'라고 말할 수 있을 것이다.

신문 광고나 잡지 광고에서 언뜻 보았을 때 편집 기사처럼 만들어진 논설·사설 형식의 광고인 애드버토리얼(Advertorial)과 네이티브 광고의 차이점은 유익함에 따라 나눠진다.

네이티브 광고는 애드버토리얼처럼 특정 브랜드/상품/서비스를 기사 형태로 알리는 광고가 아닌 정보성 콘텐츠로 보이므로 소비자가 봤을 때 거부감이 덜하다. 예를 들어 방법이나 팁, 순위 등의 콘텐츠를 통해 광고주의 상품을 노출시킨다. 즉, 광고주의 브랜드/상품/서비스만을 콘텐츠화시키는 것보다는 여러 가지 것들을 나열하고, 그중에서 광고주의 것을 매력적으로 어필하는 것이 네이티브 광고다.

현재 국내에서는 주로 SNS 팔로워를 많이 가지고 있는 온라인 미디어인 인사이트, 위키트리 등이 네이티브 광고로 큰 수익을 올리고 있는 것으로 알려졌다. 이 외에도 허핑턴포스트코리아, 중앙일보 등도 일반 기사와 다른 온라인 콘텐츠를 제작해서 네이티브

광고를 시도하고 있다. 하지만 대형 언론사들의 전체 매출 비중에서 미미한 수준이다.

언론사들이 공식적으로 '네이티브 광고'라고 표시는 하지 않지만, 광고주의 돈을 받고 기획 기사 형태로 내보내는 것도 실질적으로는 '네이티브 광고' 기사이다. 현재 정부가 정책을 알릴 때도 광고보다는 설득력이 높은 정책 홍보 기사로 언론사에 홍보비를 집행하고 있다.

정책 홍보 기사도 '네이티브 광고'이다. (영국 정부는 정책 홍보 기사에 '네이티브 광고'라고 명시한다고 한다.) 기업들도 협찬 및 광고비로 언론사에 돈을 지불하지만, 실질적으로는 기사를 통한 기획 기사, 즉 '네이티브 광고'를 위한 암묵적인 거래를 하고 있다.

네이티브 광고를 통한 언론 홍보는 크게 아래 3가지로 나눠 볼 수 있다.

(1) SNS에 파급력 있는 미디어와 커뮤니케이션^(광고비 지출)을 통해 정보성 콘텐츠를 작성하고 해당 미디어와 관련 SNS에 게재하거나 노출한다.

(2) 기존 언론사 광고/편집국과의 커뮤니케이션을 통해 협찬 및 광고비 명목으로 돈을 지불하고 광고주가 원하는 기사 콘텐츠를 제작 논의해 노출한다.

(3) 광고주가 직접 자신의 브랜드/상품/서비스 특징이 잘 나타나는 정보성 콘텐츠를 제작해서 SNS나 페이스북 페이지 등에 광고를 집행한다.

알아 두면 쓸모 있는 소소한 언론 홍보 Tip

네이티브 애드는 광고일까? 홍보일까?

필자는 몇 년 전에 유명한 IT기업이 야심차게 내놓은 애플리케이션(앱, APP)을 마케팅하는 프로젝트에 참여하게 됐다.

앱 마케팅 기업이 해당 앱의 국내외 광고 등 마케팅과 관련한 모든 분야를 총괄하고, 필자는 온라인 홍보를 담당하게 됐다. 솔직히 필자는 경험상 해당 애플리케이션이 성공을 거두지 못할 것이라고 생각했다. 그렇지만 해당 앱 론칭 홍보 담당에 대한 책임감을 갖고 할 수 있는 최선의 홍보 기획을 고민했다.

당시 필자는 중국 등 글로벌을 겨냥한 해당 앱과 스타, 인플루언서를 연관시킨 SNS(인스타그램) 홍보와, 이를 활용한 언론 홍보, 그리고 페이스북에서 유명한 미디어에 네이티브 광고 집행을 제안한 후 진행했다.

당시에는 인플루언서 마케팅이 활성화가 되지 않을 때였지만 홍보를 통한 해당 앱의 대중적인 노출은 성공적이었다.

SNS에서 영향력 있는 스타가 올린 게시물은 수많은 사용자가 봤고, 관련 기사도 스타의 팬덤의 영향으로 많이 노출이 됐다. SNS에서 영향력 있는 매체의 네이티브 광고를 통해서도 많은 노출이 이뤄졌다.

해당 앱 다운로드는 빠른 시간 내에 엄청나게 늘어났고, 이후 글로벌 진출로 특정 국가에서 동일 서비스 1위를 했다는 소식과 함께 수상도 여러 곳에서 했다. (하지만 결과는 성공이라고 말할 만하지는 않은 것 같다.)

07
TV에 우리 기업이 나오면 최고의 언론 홍보?

– 언론 홍보와 방송

"OO프로그램이나 비슷한 TV프로그램에 맛집으로 소개되려면 비용이 어느 정도 들어갑니까?"

가끔 프랜차이즈를 하는 지인에게 이와 같은 질문을 받을 때가 있다. 이 질문처럼 요즘 방송사나 프로그램 제작사 등을 통해 '맛집'으로 소개되는 일이 '광고나 홍보비'를 지불하고 진행되고 있다. 모든 맛집이 그런 것은 아니다. 하지만 누구나 비용을 지불하면 방송사에서 '맛집'이라는 타이틀을 달 수 있는 게 현실이다. 이런 일은 광고보다는 언론 홍보와 연관이 깊다.

언론은 신문, 잡지, 인터넷미디어뿐만 아니라, 대표적으로는 TV 채널(방송국)이 있다. 언론 홍보에서 아직도 TV매체는 막강한 효과가 있다. 영상은 사진과 텍스트보다 더 현실적으로 대중에게 다가오기 때문이다.

시사, 예능, 드라마 등에 특정 브랜드, 제품, 서비스가 소개돼, 소위 '대박'이 나기도 한다. 모 예능프로그램에 한 연예인이 사용한 와플기기가 품절 사태를 빚기도 하고, 연예인 모임 장소가 맛집으로 인기를 끌기도 한다.

온라인 미디어 시대가 되면서 온라인 언론 홍보를 TV방송과 결부시켜 전략을 세울 수 있다. 보통 보도 자료를 각 미디어 매체 기자들 이외에도 방송국 PD, 작가들에게 배포하면 된다. 방송 프로그램에 기업의 브랜드, 제품, 서비스가 소개될 수 있는 부분이 있어야 한다. 무작정 배포하는 것은 스팸메일로 치부될 수 있다. 또한, 방송에 소개될 만한 특별한 콘텐츠를 지녀야 한다. 누구나 알기 쉽고, 우리 주변에서 볼 수 있는 콘텐츠는 방송으로 보도되기가 어렵다.

방송국의 PD나 작가와 접촉하기 위해서는 찾아가는 것이 아니라, 기업의 제품, 서비스를 찾게 만들어야 하는 게 최고의 언론 홍보이다. 이를 위해서는 특별한 콘텐츠가 생명이다.

맛집이라면 브랜드 스토리, 매출, 스페셜 음식 등에 대한 내용이 온라인에 잘 드러나야 한다. 블로그, 뉴스 등에 잘 표현돼 게재되면 좋다. 맛집이나 생활 정보 방송프로그램 PD나 작가는 늘 특별한 콘텐츠를 찾는 것에 혈인이며, 기본적으로 포털 검색을 한다. 이때 기업의 브랜드, 제품이나 서비스를 찾도록 유도해야 한다. 또한 연락처나 이메일 등 기업의 컨택 포인트도 잘 명시해야 한다.

보통 맛집 소개 프로그램 제작사는 협찬을 받는다. 열악한 제작

환경과 제작비를 충당하기 위한 방법이다. PPL이 광고적인 측면이 강하다면, 협찬은 홍보라고 생각하면 된다. 칼국수 집이 맛집으로 소개되기 위해서 비용을 지불하면, 작가와 PD는 '칼국수' 맛집 편을 만들어 방송으로 내보낸다. 이때 다른 유명 칼국수 집들도 같이 소개한다. 이런 점들을 잘 파악한다면, 비용 없이 좋은 브랜드 스토리텔링된 식당도 방송에 소개될 수 있다.

다시 말해 비즈니스적으로도 기업의 브랜드 스토리텔링이나 특별한 콘텐츠가 없다면, 성공 가능성이 희박하다. 보통 각 기업만의 스토리텔링과 특별한 콘텐츠가 있다면, 이를 잘 표현해서 포털에 잘 나타날 수 있도록 해야 한다. 특히 방송이 되기를 원하는 방송프로그램의 제작사나 PD, 작가 등에게 관련 자료를 정리해서 이메일로 보내는 것이 기본적인 방송 언론 홍보를 위한 방법이다.

알아 두면 쓸모 있는 소소한 언론 홍보 Tip

처음부터 끝까지 PPL TV프로그램

"안녕하세요. 저는 OO프로그램 기업 담당 PD입니다. 저희가 OO기업을 방송에서 소개하고 싶은데 가능할까요?"

케이블, 경제방송 등에서 기업을 소개하는 프로그램을 하는 제작사들은 특정 기업에 전화를 걸어 이렇게 말한다.

기업 대표가 들으면 놀랄 만한 일이다. 자신의 기업이 방송에 소개된다는 일은 여전히 영광스런 일이다. 이미 대표의 마음 속에는 자신의 기업이 방송을 타고 있는 모습이 상상된다.

"대표님! 그런데 저희가 약간의 제작비가 있습니다. 얼마 되지는 않는데요. OO입니다." 제작사 측은 다시 이렇게 말한다.

기업 대표는 높은 비용은 아니지만, 약간 주저한다. 이때 비용이 얼마 되지 않는다는 말에 흔쾌히 선택을 하는 대표도 있고, 비용이 든다는 말에 방송을 거부하는 대표도 있다.

홍보 영상 제작사들이 방송국이나 경제 채널들과 손을 잡고 기업 소개 프로그램을 제작한다. 제작사는 특정 시간대에 방송을 할 수 있는 권한을 지니고 있고, 방송국은 방송을 내보내는 대가로 제작사로부터 비용을 받는다.

제작사는 제작비를 충당하기 위해 방송되는 기업들에게 협찬비를 제공받는다. 한마디로 이런 방식으로 기업은 TV에 언론 홍보를 할 수 있다.

소규모 기업 입장에서는 일거양득이 될 수 있다. 기업 홍보 영상을 제작하기도 하면서, 방송에도 자신의 기업, 제품, 서비스가 소개되는 효과도 볼 수 있다. 제작사가 기업을 설득하기 위해 해당 방송을 홍보 영상으로 제작해 준다고 말하기도 한다. 이런 형태의 TV 언론 홍보가 일어나고 있다. 기업은 필요 여부에 따라 방송을 할지 안 할지를 선택하면 된다.

[스페셜 가이드 6] **간단히 정리한 기업의 뉴스룸 구축 방법 및 활용법**

■ 뉴스룸 구축

① **개발 솔루션 선택**

　기업 뉴스룸을 구축하기 위해서는 어떤 웹사이트 솔루션을 사용할지에 대해 신중하게 고민한 후 선택해야 한다.

　영세 기업일 경우에는 네이버, 티스토리 블로그 등을 활용할 수 있다. 하지만, 콘텐츠가 많고 홍보 예산이 책정된 기업은 블로그보다는 뉴스룸 웹사이트를 구축하는 것이 좋다.

　뉴스룸을 구축할 수 있는 웹/모바일 솔루션으로는 다음과 같은 방법들이 있다.

- 워드프레스: 구글 검색에 좋은 '워드프레스'는 사용자가 간단한 사용법을 알면 배너 삽입 등 간략한 홈페이지 수정이 가능하다. 하지만, 초기 구축 비용은 어떤 회사에 맡기느냐에 따라 천차만별이다. 회사 내 개발자가 없을 경우, 이후에 보안 이슈나 추가 개발에 대한 비용이 상승할 수 있다. 서비 비용도 매월 지출해야 한다.

- 솔루션 업체: 뉴스룸은 콘텐츠 위주로 보여주는 사이트이기 때문에 언론사 솔루션 업체들을 사용할 수 있다. 국내에서는 다수 언

론사 솔루션 업체들을 쉽게 찾을 수 있다. 이들은 초기 구축 비용과 보증금을 받고, 보통 월 단위로 20~30만원의 서버 비용 등을 받는다. 최대 장점은 사이트 수정, 배너 제작 등을 월마다 몇 건씩 무료로 제공한다.

- 직접 제작: 대형 기업이나 특수한 기업들은 직접 뉴스룸 사이트를 제작할 수 있다. 보통 기업 내 개발 부서가 있는 경우에 추천한다. 직접 제작할 경우에는 사이트에서 콘텐츠를 보여주는 방법을 기업의 특성에 맞게 변경하는 것이 좋다. 한 예로, 패션 기업은 제품 이미지와 대표 제품의 역사를 한 눈에 볼 수 있도록 보여줄 수 있다.

② 뉴스룸 콘텐츠 선택 및 기획 (메뉴)

뉴스룸은 기업이 가진 미디어로, 콘텐츠는 크게 두 가지로 구분해서 제작하기를 추천한다. 기업이 가지고 있는 콘텐츠로 양산이 가능한 것들과 타깃 소비 고객이 원하거나 소구가 많은 콘텐츠를 제작할 수 있다.

- 기업이 가지고 있는 콘텐츠: 모든 기업들은 각자 고유의 콘텐츠를 소유하고 있다. 언론사에 배포하는 보도 자료, 제품 이미지, 광고 영상, 기업의 재무제표 등 다양하다. 기업 내부에서 매주, 매달, 매분기에 나올 수 있는 콘텐츠를 정리하고, 섹션(메뉴)을 고민하자. 상장기업들은 주주들에게 기업의 긍정적인 이미지를 줄 수 있는 미래 전략, 투자 및 매출 정보 등을 제공할 수 있다.

- 타깃 소비 고객이 원하는 콘텐츠: 타깃 고객은 기자^(미디어)와 소비자로 나눌 수 있다. 이때 기자의 입장에서 필요한 콘텐츠는 기사를 쓰기 위한 보도 자료 등에 대한 추가적인 자료다. 그리고 타깃 고객을 설정했다면, 그들이 원하는 정보와 트렌디한 콘텐츠를 고민해서 기획하자. 예를 들어, 웨딩 기업은 웨딩드레스 트렌드, 특정 신혼 여행지, 추천 관광지 등이 관련 콘텐츠다.

③ 뉴스룸, 분산된 기업 콘텐츠 채널 연동

온라인 플랫폼이 다양해지면서 많은 기업들이 블로그, 페이스북, 인스타그램, 유튜브 등 각 채널에 맞게 콘텐츠를 기획하고 제작해서 노출한다. 이런 콘텐츠를 한 곳에 담을 수 있는 공간이 뉴스룸이다. 모든 사이트들은 연동이 가능하다. 예를 들어, 기업의 뉴스룸 메인에 공식 인스타그램에 올린 사진들을 보여줄 수 있고, 공식 유튜브에 올린 영상을 배치할 수 있다.

④ 뉴스룸 콘텐츠 클릭률 높이는 방법

뉴스룸을 제작했다면, 뉴스룸 콘텐츠를 소비자들이 클릭해야 한다. 이를 위해서는 기본적으로 뉴스룸에 게재된 콘텐츠가 유통될 수 있는 플랫폼을 확대해야 한다.

- SNS 페이지 개설^(페이스북, 인스타그램 등): 대형 기업이 아니라면, 기업의 이름으로 SNS 페이지를 개설하는 것은 추천하지 않는다. 각 기업이 가지고 있는 콘텐츠 위주의 페이지명을 만들면 좋다. 예를 들어, 중소 출판사라면 출판사 이름보다는 '책 속의 좋은 글' 같은 페이지를 개설해 운영하고, 관련 콘텐츠를 뉴스룸에 게

재해서 공유하면 좋다.

- 블로그, 유튜브 등: 콘텐츠를 유통하는 주요 플랫폼에서는 출처를 해당 뉴스룸으로 설정해도 좋다. 블로그에 글을 게재하고 출처를 뉴스룸으로 명시해서 클릭하면 바로 뉴스룸으로 이동하도록 할 수 있다. 유튜브는 영상 말미 등에 뉴스룸 도메인 등으로 출처 입력이 가능하다.

- SNS 댓글과 공유: 뉴스룸의 모든 콘텐츠 아래에는 SNS 기반의 댓글 솔루션을 달 수 있다. 주요 SNS 댓글 서비스는 페이스북이 제공하는 댓글 플랫폼, 라이브리(Livere), 디스쿼스(Disqus) 등 다양하다. 이들을 유·무료 형태로 사용할 수 있다. 또한 모든 SNS 공유 솔루션을 각 콘텐츠 페이지에 달 수 있다. 소셜 댓글은 콘텐츠 독자가 소셜로 로그인해서 댓글을 달 경우, 해당 콘텐츠를 자신의 소셜에 홍보하는 효과를 낸다.

- 구글 뉴스: 구글은 콘텐츠를 일정하게 제작하는 사이트일 경우 '구글 뉴스' 섹션 제공 권한을 부여한다. 구글에서 구글 뉴스를 검색하면 쉽게 등록이 가능하다.
  글로벌 기업들은 구글 뉴스 등록을 필수적으로 한다. 다양한 언어로 번역해서 보도 자료를 노출하면 전 세계 어디에서 검색을 하더라도 해당 기업의 기사를 볼 수 있다. (구글에서 제공하는 AMP 솔루션을 사용하면 검색 시 앞 페이지 및 상단 노출을 노릴 수 있다.)

■ 뉴스룸 콘텐츠 활용 방법

　뉴스룸은 결국 기업이나 기관 홍보의 전체라고 말할 수 있다. 하지만 뉴스룸이 단순 콘텐츠를 게재하고 저장하는 역할에만 쓰인다면 홍보 효과를 볼 수 없다. 다만 어떻게 활용하느냐에 따라 뉴스룸의 효과를 극대화할 수 있다.

① 미디어에 보도 자료의 추가적인 정보 제공

　보도 자료는 이메일로 배포하기 때문에 첨부 파일의 용량이 제한적이다. 보통 언론사 전용 메일은 용량이 크지 않는 탓에 크기가 큰 파일을 첨부할 수 없다. 또한 보도 자료 안에 많은 내용을 담는 것도 기자가 바로 핵심을 파악하기 어렵다는 사실을 기억해야 한다.

　요즘 구글 드라이브 등 클라우드 서비스에 사진, 동영상 파일을 저장해 보내는 보도 자료가 많아지고 있다. 이때 뉴스룸에 해당 보도 자료 관련 콘텐츠를 게재하고, 추가적인 정보에 대한 내용을 이메일에 링크로 적어주면 효과적이다.

　또한 기자들이 기획 기사 작성 시 홍보 담당자들에게 자료를 요청할 때가 있다. 이런 자료들이 뉴스룸에 올려져 있다면 쉽게 찾아서 기자들에게 전달할 수 있다. 기자들은 상시적으로 해당 뉴스룸을 통해 기획 자료를 찾고, 기사화시킬 수도 있다.

　특히 글로벌 기업들은 해외 언론사들에 미디어 배포 없이 정보를 전달할 수 있다. 실제로 글로벌 기자들은 페이스북, 삼성 등 글로벌 기업들에 대한 뉴스 자료를 뉴스룸에서 엿보고 있다.

② 광고 및 콘텐츠 마케팅 사이트로 활용

　기업들은 보통 신제품 출시 등을 할 때마다 온라인 광고를 집행하기 위해 새로운 광고 웹페이지를 기획하고, 네트워크 온라인 광고사를 통해 배너 광고를 진행한다. 이때 뉴스룸 사이트에 신제품 콘텐츠에 대한 기획 콘텐츠를 올리고, 배너 광고 클릭 시 이동하게 할 수 있다. 기사형 (콘텐츠) 광고도 마찬가지이다. 뉴스룸 사이트를 홍보할 수 있을 뿐만 아니라 비용 절감의 효과도 볼 수 있다.

③ SNS 이벤트 페이지로 활용

　뉴스룸 홈페이지에 소셜 댓글 기능을 달았다면, 이벤트 페이지로도 활용할 수 있다. 소셜댓글 이벤트 등을 통해 소비자의 SNS에 콘텐츠를 게재하도록 독려해서 광고 효과를 누릴 수 있다. 이벤트를 열 때마다 새로운 웹 페이지를 제작할 필요가 없으며, 홈페이지 내부에 다른 콘텐츠도 간접적으로 알릴 수 있다.

④ 회사 소식지 (사보) 역할

　기업 뉴스룸은 대외적인 홍보뿐만 아니라, 사내 언론 기관을 담당할 수 있다. 과거 사보 같은 역할로 쓰이기도 하며, 회사 내부 소식을 공유할 수 있는 장이 될 수도 있다. 이를 위해 회사 인트라넷 등을 통해 뉴스룸을 홍보하고, 회사 내부 소식을 알리는 콘텐츠를 제작해서 게재하면 된다. 또한 주기적으로 부서별 기고 등을 통해 각 부서별 업무 정보를 공유하고, 사내 임직원들의 업무를 독려할 수 있다.

⑤ 인재 채용

　대기업을 제외하고는 취업 준비생들이 각 기업에 대한 정보를 알

기란 쉽지 않다. 뉴스룸은 기업이 하고 있는 업무와 사내 복지 등을 인재들에게 알리는 역할도 담당할 수 있다. 콘텐츠를 통해 기업의 비전 등을 보여준다면 인재를 이끄는 광고적인 효과도 볼 수 있다. 이를 위해서는 워크샵, 봉사활동, 업무 등 회사 내부 직원들의 이야기와 관련된 콘텐츠들을 제작해야 한다.

PART 7
온 라 인 보 도 자 료 작성법의 비밀

필자가 추천하는 보도 자료/기사 작성법 5가지

"보도 자료 작성법에 관련된 좋은 책 없나요?" 대기업 홍보팀에 입사한 지인이 필자에게 물었다. 대학교 시절에 보았던 교과서 같은 책들 밖에 생각이 나지 않았다.

'보도 자료 작성법'에 관련된 책을 검색했더니, 오래 전에 나온 보도 자료나 기사 작성법 이외에 온라인 미디어 시대를 겨냥한 책은 찾을 수가 없었다.

홍보 대행사에서 10년 정도 근무한 지인에게 기사 작성을 누구한테 배웠냐고 물었더니 "보도 자료 작성법에 대해 배운 적은 없어요. 그냥 선배들이 작성한 거 보고 따라했죠"라고 답했다.

이처럼 보도 자료 작성법에 대해 특별히 배우지 않고 보도 자료

구성을 흉내만 내는 홍보 대행사 직원들이 많은데, 보도 자료를 쓸 때마다 경험이 쌓이긴 하지만 스트레스도 함께 쌓인다.

필자는 이 책에서 보도 자료^(기사) 작성에 대해 언급하고 싶지 않았다. 여태껏 출판된 홍보, PR, 언론 홍보 서적 등에서 보도 자료 작성법에 대해 충분히 언급됐다고 생각했기 때문이다.

하지만 요즘 시대에 맞는 보도 자료 작성법은 무엇일까에 대해 고민해 보지 않을 수 없었다. 보도 자료나 기사 구성 및 형태는 변하지는 않았지만, 환경이 변했기 때문이다.

이에 필자는 개인적으로 생각하는 보도 자료 작성법과 기사 작성 팁에 대해 약간만 언급하려고 한다. 그 동안 보고 배운 것들 중에서 개인적으로 좋다고 생각하는 부분을 필자의 방법으로 정리했다. 정확하게는 책이나 강의, 대화 등에서 남들이 말하는 기사 작성법과 글쓰기 법을 차용했다. 이 책을 평생 보관해야 하는 이유를 이 챕터에서 찾을 수도 있을 것이다.

우선, 보도 자료 작성법에 대해 알고 싶다면 포털에서 '보도 자료 작성법'에 대해 검색하면 블로그나 전문 사이트 등에 게재돼 있으므로 참고하면 좋을 것이다. 아니면, 자신이 작성하고 싶은 기사를 검색한 후 비교 분석해 보자. 이를 보면 자신이 좋다고 생각하는 형태와 구성 및 방법을 찾을 수 있다.

01
제목은 주제와
핵심이 명확해야 한다
— 보도 자료 제목과 부제목 선택 및 작성

지난 2013년, 한 개발자가 고로켓닷넷이라는 사이트를 만들었다. 이 사이트에서 가장 흥미로운 부분은 '충격고로케'였다. 이는 '충격', '경악', '헉' 등이 들어간 기사 제목을 추려 보여주는 서비스로, 주요 언론사가 기사 클릭을 유도하기 위해 기사 제목에 선정적이고 자극적인 단어를 사용한 것을 풍자하기 위해 만든 것이다. '충격고로케'에서는 매번 '가장 충격 받은 언론사' 순위를 보여주기도 했다. 이후 포털 미디어다음 편집자들은 '충격고로케'에서 언급한 제목의 기사는 편집하지 않기로 결의까지 했다.

기사 제목에 '충격'이라는 단어가 들어가면 대중은 자신도 모르게 기사를 클릭한다. 그리고 낚시 기사에 낚였다며 '기레기'라고 욕을 하거나 댓글을 단다. 이는 온라인 미디어 환경에서 기사 제목이 독자가 기사를 읽을지 말지를 결정하는 중요한 요소라는 사실을 증명한다. 하지만 보도 자료에는 이런 자극적인 단어를 사용하는 것을 자제해야 한다. 또한 기자들이 보도 자료 제목을 보고 클릭할 수 있도록 유도해야 한다. 미디어에 배포하는 이메일 제목은 눈길을 끌만큼 호기심을 유발시켜야 하지만, 보도 자료 제목은 담백해야 하는 양면성을 지닌다.

가장 기본적으로 보도 자료 제목에는 주어가 명확해야 한다. 기업의 이름을 명확하게 표시해야 한다는 뜻이다. 보통 주어를 적고 ','(쉼표) 문장 부호를 넣는다. 보통 보도 자료는 기업이나 기관 등이 배포하기 때문에 쉼표 앞에는 그 기업이나 기관의 이름이 나온다.
연예인 기획사 등 사람이 주어일 때는 사람의 이름이 나오는 게 통상적이다. 신문이나 포털, 온라인 언론사 등의 기사를 보면 거의 대다수 기사들이 이런 식으로 표기하고 있다.

또한 제목은 전체적인 내용을 축약, 암시해야 하며, 명확해야 한다. 새로운 신제품 출시에 대한 내용이라면 신제품 이름이 나와야 한다. 여기에 추가적으로 신제품의 특징을 붙여주는 것도 좋다. 그러나 제목에 형용사를 남발하면 핵심을 바로 알아차릴 수 없다. 오히려 대중의 궁금증을 유발시키는 기사는 제목에 100% 완벽하고 길게 내용을 설명하는 게 아니라, 축약하고 암시하는 것들이다. 어떤 이유 때문에 매출이 상승했다는 제목보다는 '5배 매출 상승'이라는 제목이 매출 상승의 원인을 궁금하게 한다.

부제목에는 제목을 뒷받침하는 내용을 보충하거나 추가적이고 자세한 정보를 넣는다. 매출 상승이라는 단어가 제목에 들어갔다면, 정확한 금액이나 상승 원인 등을 적는다. 하지만 온라인 미디어 환경에서는 다른 방법을 추천한다. 부제목에 다양한 다른 제목을 붙이는 것도 좋다. 보도 자료를 배포한 기사들이 거의 비슷비슷한 제목으로 나온다면 흥미롭지 않을 것이다.

이를 위해 부제목 부분에 2~4가지 정도 다양한 제목을 적어 배포하는 것도 좋다. 이는 바쁜 기자들이 부제목을 참고해서 신속하게 다양한 제목을 뽑을 수 있도록 하기 위해서이기도 하고, 기업이 원하는 단어가 들어간 기사 제목으로 유도할 수 있는 방법이기도 하다.

제목이나 부제목에서 강조하고 싶은 부분은 작은 따옴표('')로 표시하면 된다. 누군가의 멘트(말)을 인용할 때에는 큰따옴표("")를 사용하는 게 통상적이다. 물음표(?)와 느낌표(!)는 기사에서 잘 사용하지 않지만, 잡지 기사에서는 독자의 흥미를 돋우기 위해 사용한다. 그러나 보도 자료에서는 지양하는 것이 좋다. 참고로 언론적인 측면에서 물음표와 느낌표는 독자에게 기사를 중간자적 해석으로 접근하게 만들지 않고, 작성자의 의미 유도에 따라가게 만들 경향이 크다.

02
기사는 리드만 읽으면 된다
- 리드(Lead)란 무엇인가?

광고주의 열정과 욕심은 리드만 보면 알 수 있다. 간혹 리드를 엄청나게 길게 작성하거나 수정해 주는 보도 자료를 보면, 기업 대표자나 홍보 담당자의 열정을 느낄 수 있다. 보도 자료에서 하고 싶은 말을 리드에서 다 해버리자는 생각이다. 이 경우 리드 이외에는 보도 자료에서 볼만한 내용은 없다. 기사나 보도 자료의 리드는 첫인상과 같다. 상대에게 알아보고 싶은 호기심을 유발시켜야 한다. 제목이 미끼라면, 리드는 미끼의 모습이나 색깔, 첫 맛이다.

기사는 역피라미드 구성이다. 핵심 내용이 가장 먼저 나오고, 중요한 사실부터 세부 사실, 추가 사실 등 중요한 순서로 작성해야 한다. 이는 작성자인 기자가 사실을 글로서 빨리 전달하게 하고, 보는 사람이 그 사실을 빨리 인지하게 하는 구성이다. 수많은 기사 속에서 제목과 리드만 읽어도 대충의 사실을 파악할 수 있다. 그리고 이를 통해 기사를 읽을지 말지는 독자가 결정한다.

　리드는 곧 보도 자료의 핵심이다. 보도 자료 전체를 요약해서 한 문장으로 나타내야 한다. 욕심을 부리지 말고 60자 이내로 작성해야 한다.
　가령, 기업이 어떤 시상식에서 4가지의 상을 동시에 수상했다면, 모든 상을 리드에 나열하지 말고, '4관왕'을 달성했다고 짧게 작성해야 한다. 요약은 독자에게 기사를 읽도록 하는 힘도 가지고 있다. '4관왕'이라는 단어가 어떤 상을 수상했는지에 대한 궁금증을 유발한다.

　보도 자료는 또한 한 가지 사실에 대해 집중적으로 작성하는 것이 좋다. 두 가지의 음식을 한 접시에 담으면 안 되는 것처럼, 리드에도 한 가지 사실만이 나와야 한다.
　새로운 제품을 출시했고, 이벤트를 진행하는 내용보다는 제품 출시를 기념하는 이벤트를 진행하거나, 이벤트는 보도 자료 말미에 추가적인 사실로 언급하는 것이 낫다.
　하루에도 수많은 기사를 접하는 일반 독자들은 한 가지 사실을 인지하는 것도 힘들다. 이처럼 한 가지 사실을 담은 리드는 보도 자료의 내용을 명확하게 정리한다.

　상투적인 말이지만 보도 자료에서 계속해서 말해도 지나치지 않는 것이 '뉴스의 가치'이다. 기사는 뉴스로서의 가치가 있어야 한다. 그 가치를 판단하는 데 9할을 차지하는 것이 리드이다. 이 때문에 리드에는 보도 자료의 가치가 있다는 매력점이 잘 드러나야 한다.

신제품 출시는 유명 기업이나 트렌디한 아이템이 아니고서는 가치가 없다. 신제품에 있는 남들과 다른 차별성과 독특한 점을 끄집어내어 리드에서 말해야 한다.

개인적으로 온라인 미디어 환경에서 리드는 핵심보다는 호기심 유발자가 되는 게 좋다. 검색을 통해 기업의 보도 자료를 보는 사람이 많다고 생각하면, 제목을 클릭하는 이들이 리드를 읽는 것은 당연하다.

그러나 기업이 말하고자 하는 바가 많다면, 리드를 통해 호기심을 유발시키고, 전체적인 내용은 리드에 대한 호기심을 하나씩 벗겨서 보여주면 독자가 끝까지 기사를 읽도록 만들 수 있다.

가령 '20대 여성 소비자를 위한 천연 화장품 출시'는 20대 여성 소비자를 위한 제품 출시 이유와 천연 소재는 무엇이고, 어떤 효과가 있는지에 대해 내용에서 알려주면 된다.

03
보도 자료 본문마다 새로운 미끼를 던져라!

– 보도 자료 본문 작성

대학 시절, 필자는 호주 브리즈번 영어학원에서 IELTS^(아이엘츠)를 공부했다. 아이엘츠는 외국인이 호주 대학교에 입학하기 위해서 치르는 영어 시험이다. 당시 필자는 Writing^(영어 에세이 작성) 시험을 연습하면서 논리적인 글쓰기에 대해 깊게 생각해 본 적이 있다. 통상적으로 영어 에세이는 주장하는 바를 미리 적고, 그에 따른 논리적 근거와 사실을 차례대로 나열해 설득한다.

기자가 되고 기사를 쓰는 업무를 직업으로 삼으면서 기사 형태와 영어 에세이는 거의 비슷하다는 생각이 들었다. 첫 문장으로 독자를 설득하기 위해서는 둘 다 타당한 사실을 바탕으로 기술해야 한다는 것이다. 다만 에세이는 모든 근거가 사실에 입각하기보다는 타당한 의견으로 제시될 때도 있다.

보도 자료^(기사) 본문은 리드 문장을 뒷받침하는 내용을 중요 순서대로 나열한다. 중요 사실과 세부 사실 그리고 추가 사실을 기술한다. 기사 구성의 기본인 역피라미드 방식이다. 이처럼 중요한 사실을 가장 먼저 쓰는 이유는 여러 가지다.

이 방식은 독자가 중요한 사실만을 빨리 읽고 파악할 수 있다는 장점을 지닌다. 기사 내용에 대한 이해도 역시 빠르다. 그리고 지면의 한계성을 지닌 신문이나 시간의 한계성을 지닌 방송에서 편집을 유용하게 한다는 점이다. 기사가 지면에 넘칠 경우, 중요하지 않는 기사 아래 부분을 삭제하면 된다. 방송에서도 마찬가지로 중요한 사실만 말하고 세부 사실은 뺄 수 있다.

본문은 리드보다 당연히 길이가 길 수밖에 없다. 그만큼 독자가 지루할 수 있다. 문장의 길이는 60자 이내로 짧은 것이 좋다. 독자는 짧은 문장일수록 명확하게 이해할 수 있다. 하지만 문장을 무조건 짧게 만든다고 이해도가 높은 것은 아니다. 매끄럽고 완성도 높은 문단 구성력을 채택해야 한다.

이를 위해서는 문단의 첫 문장은 전체 문단을 대표하는 문장이면 좋다. 예를 들어, 이벤트 보도 자료에서 다양한 혜택이 있다면 이 혜택 저 혜택이 있다고 나열하는 것보다는 '이번 이벤트는 혜택이 다양하다'라고 말하고 이런 저런 혜택을 제공한다고 나열하는 식이다.

또한 전문지 보도가 아니라면, 어려운 용어는 쉽게 풀어서 표현해야 한다. 새로운 인물이나 생소한 제품, 브랜드라고 생각된다면 짧게 본문에 설명을 덧붙여야 이해도가 높다. 이를 위해서는 새로운 용어나 인물이 나오는 문장 앞뒤에 설명을 적절하게 배치해야 한다. 많은 설명을 하고 싶다면 짧게 내용을 적고, 보도 자료 맨 밑에 추가적으로 덧붙이면 된다. 중요도가 약간 떨어진다고 판단되면 기사 맨 마지막 부분에 추가 사실로 넣는 것을 추천한다. 보통 기사 마지막 부분에 '한편'이라고 적고 작성한다.

그리고 사실을 뒷받침하는 근거를 명확하게 제시해야 한다. 수치와 통계에 대한 근거일수록 뒷받침되는 사실이 정확해야 한다. 예를 들어, 매출의 상승에 따른 이유 등이 논리적으로 표현돼야 한다. 보도 자료 배포 및 노출에만 신경을 쓴 나머지 매출이 상승했다는 내용만을 기록한 보도 자료들이 더러 있다. 또한 해외에서 주목을 받고 있는 기업이라면, 주목을 받고 있는 사실이 있어야 한다. 단순히 주목을 받는다는 말만 하고 별다른 내용이 없으면 안 된다. 정상적인 기자들은 이런 보도 자료를 무시한다.

본문에는 리드에서 말한 한 가지 내용만을 다뤄야 한다. A제품을 출시했다고 말했다면 A제품에 대해서만 설명을 해야 한다. 또 다른 B제품에 대해 언급하고 설명하면 독자의 집중력을 저해하는 요인이 될 수 있다. 기사의 내용 이외에 추가적으로 말하고 싶은 부분은 기사 말미에 '한편'이라고 적고 설명하는 것이 낫다. 이때 주의할 점은 한편 이후에 나오는 문장이 너무 길면 '배보다 배꼽이 클 수도 있다'는 것이다.

**필자가 전하는 보도 자료 본문 작성 팁은
다음과 같다.**

1. 기사 본문 문단의 첫 문장은 문단을 대표하는 문장으로 작성하는 것이 좋다.

2. 기사 본문에서 새로운 용어나 인물이 언급된 문장 앞뒤에 간략하게 이를 설명해야 한다.

3. 수치와 통계 등 사실을 파악할 수 있는 근거가 명확해야 한다.

4. 본문에서는 한 가지 내용만을 다뤄야 한다.

5. 기사 내용과 전혀 다른 추가적인 내용은 기사 말미에 적어야 한다.

04
홍보 기사에도 반드시 팩트가 있어야 한다
- 좋은 보도 자료와 글쓰기 (1)

세계적인 공과대학 MIT(Massachusetts Insttitute of Technology)에서는 공대임에도 불구하고 전 세계 어느 대학보다 글쓰기 교육에 많은 예산을 사용한다고 한다. 사회에서 생존하는데 글쓰기가 필수 요소이기 때문이다. (MIT 졸업생인 대부분의 기술자와 과학자의 업무 35% 이상이 글쓰기와 관련이 있는 것으로 알려졌다.)

대학 시절, 기사 작성 관련 글쓰기 수업을 들은 적이 있다. 그때 서울 모처에 있는 한 대학교의 교수님 강의가 글을 쓸 때마다 가장 기억에 남는다. 당시 그 대학 교수는 MIT에 가서 학생들이 글쓰기 수업을 받은 모습을 봤던 내용을 가지고 기사 작성법에 대해 설명했다.

그 교수에 따르면, MIT 학생들이 글쓰기 수업에서 한 것은 의견

(Opinion)과 사실(Fact)을 찾는 일이었다고 한다. 글 속에서 의견과 사실을 구분하는 것이다. 정확하게 기억은 나지 않지만, 의견을 뒷받침하는 것이 사실이다. 즉, 의견을 담은 문장이 논리적인 설득이 되기 위해서는 이를 증명할 수 있는 사실 문장이 있어야 한다는 의미이다.

보통 기사는 사실을 가지고 쓰는 글이다. 즉, 기사 내 모든 내용은 사실을 가지고 작성해야 한다. 예를 들어, '내일 비가 올 것으로 예상한다'는 말이 의견이 아닌 사실이 되기 위해서는 고기압과 저기압의 영향 등 내일 비가 올 것이라는 내용에 대한 뒷받침될 수 있는 이유(문장)가 와야 한다.

칼럼도 마찬가지다. 기사와 다르게 칼럼은 사실만을 가지고 말하지 않는다. 자신의 의견을 사실 근거를 가지고 논리적으로 설득해야 한다. '의견'이라는 문장을 제시하고, 이를 뒷받침할 수 있는 사실들을 나열해서 독자를 설득할 수 있어야 좋은 칼럼이 될 수 있다는 뜻이다.

보도 자료에서 특정 브랜드 제품이 소비자들의 인기를 끌고 있다고 독자를 설득하기 위해서는 몇 개가 팔렸고, 경쟁사 대비 얼마나 많이 팔렸는지, 인기 요인이 무엇인지에 대해 설명해야 한다. 좋은 보도 자료나 논리적인 글이란, 의견이라고 보이는 어떤 문장을 뒷받침하는 내용이 포함돼야 한다.

알아 두면 쓸모 있는 소소한 언론 홍보 Tip

기자는 사실을 찾는 일을 하고, 홍보 담당자는 사실적으로 보이게 하는 일을 한다

기자 시절 초기에 기업 홍보 담당자에게 전화를 하는 이유는 '팩트'를 찾기 위해서다. 보통 보도 자료에는 보도 자료 내용이 사실인가에 대한 의문점을 품게 된다. 정확하게 기재되지 않는 일이 많은 탓이다. 하지만 모든 보도 자료를 일일이 확인할 수 없기도 하다. (솔직히 가끔 문장이 모호하거나 비문이라서 보도 자료가 무슨 뜻인지 모를 때도 있다.) 이에 보도 자료 내용의 문장이 설득력이 있다면 간단히 수정해서 보도했다.

언론 홍보를 하면서 어려운 점은 기자들이 가지고 있는 '팩트'에 대한 생각이다. 기업(홍보주)은 자주 팩트에 근거하기보다는 자신의 의견이 보도되기를 원할 때가 있다. 기업이 원하는 보도 자료 내용이 사실이 부족한 문장일지라도 보도되기를 원한다는 것이다. 이때 필자는 사실이 부족한 문장을 기업의 입장이나 의견으로 수정해서 보도될 수 있도록 한다.

05

보도 자료에는
Why가 있어야 한다
- 좋은 보도 자료와 글쓰기(2)

기자가 기사를 통해 대중에게 알려야 하는 일이 무엇일까?

사실에 입각해 '뉴스'를 보도하는 일이다. 뉴스에는 가장 중요한 속성이 있다. 육하원칙(5W1H)의 마지막에 속하는 Why(왜?)이다. 결국 기사는 일어난 일이나 사건의 본질인 '왜?'라는 이유를 알려주는 것이다. 대학 저널리즘 관련 강의를 들으면서 필자는 이같이 생각했다.

보도 자료가 기사가 되기 위한 기초적인 자료라면, 기사의 가장 중요한 요소인 '왜?'라는 이유가 명백해야 한다. (모든 마케팅이 마찬가지일 것이다.) 신제품이 나온 이유, 이벤트를 하는 이유, 사건이 일어난 이유, 제휴를 한 이유 등이 없으면 기사의 가장 중요한 요소가 빠진 것이다. 기시를 쓴 기자가 '기레기'의 길을 걷게 되는 가장 큰 이유가 바로 이것이다.

"왜 나는 사는가?" 어떤 사람이 사는 이유에 대해 명확하게 정의를 내릴 수는 없다. 하지만 누군가를 설득하기 위해서는 이유가 필요하다. 투자를 하는 이유, 창업을 하는 이유 등이 없다면 도박과 같은 것이다. 보도 자료에 기업의 내년 매출이 1,000억 원이 될 것이라고 예상된다고 한다면 그 이유가 있어야 한다. '1,000억 원 매출 달성'을 예감이라고 말할 수는 없다.

학창 시절, 귀납법과 연역법에 대해 모두 배웠을 것이다. 필자는 글을 쓸 때 귀납법과 연역법을 잘 활용하면 그 이유와 타당한 사실에 대해 설득할 수 있다고 생각한다. 연역법은 어떤 명제로부터 추론 규칙에 따라 결론을 내리는 것이다. 귀납법은 개별적인 특수한 사실이나 원리로부터 일반적이고 보편적인 명제 및 법칙을 유도해

내는 일이다.

연역법은 '모든 사람은 죽는다. 나는 사람이다. 그러므로 나는 죽는다.'라고 말할 수 있다. 귀납법은 '사과1은 빨간색이다. 사과 2, 3…100도 빨간색이다. 그러므로 모든 사과는 빨간색일 것이다.'라고 한다.

글쓰기에서도 연역법과 귀납법을 활용할 수 있다. 실제적으로 기사 작성법에 유용하게 사용할 수 있다. 기자가 '어떤 도시에 가스 유출된 지역이 조기에 발견돼 인명사고가 없었다'라는 기사를 작성한다. 하지만 어떤 기자는 '최근 몇 년간 가스 유출 지역 몇 곳에 인명 사고가 발생한 사실을 가지고 가스 유출 지역의 위험성을 경고할 수 있다.

보도 자료에서도 사실에 대한 근거를 연역법과 귀납법을 활용해 문장화시키면 논리적으로 설득할 수도 있다. 기업의 내년 예상 매출이 1,000억 원이라고 결론을 내린 이유는 2~3년간 분기별 성장률이 10%였고, 이 성장률이 계속해서 이어지기 때문에 1,000억 원의 매출 달성이 예상된다고 논리적으로 말할 수 있다.

[스페셜 가이드 7] 온라인 언론 홍보와 디지털 PR의 확대

온라인 시대, 미디어는 언론사 이외에도 많은 플랫폼으로 확산됐다. 블로그, SNS 등 다양한 미디어 플랫폼을 통해 기업의 소식을 알릴 수 있게 된 것이다. 언론 홍보와 함께 다양한 플랫폼을 활용한다면 더 많은 홍보 효과를 얻을 수 있다. 이에 국내 주요 포털을 활용한 온라인 홍보에 대한 간단한 팁을 소개한다.

■ 네이버 블로그, 포스트

네이버 블로그/포스트는 누구나 알고 있는 플랫폼으로, 기업뿐만 아니라 개인도 개설 운영할 수 있다. 그중 기업이 등록할 수 있는 공식 블로그/포스트는 이점이 있다. 네이버가 지정한 '공식 블로그/포스트'를 신청하면 관련 포털 검색에서 상위 노출 이점을 노릴 수 있다.

네이버는 공식 블로그/포스트가 포털 검색 시 상위에 노출된다고 밝히고 있지는 않지만, 적어도 관련 검색에서는 이점이 있는 것으로 보인다. 또한 현재 네이버 모바일 각 섹션 메인에 노출된 글 중에서 기업의 공식 블로그나 포스트에 등록된 글들을 많이 볼 수 있다. 이를 활용하면 기업의 소식을 언론 홍보와 함께 극대화할 수 있다.

공식 블로그 신청 조건은 '공공기관/지방자치단체/공기업', '정당', '교육기관', '공익단체', '해외관광청', '박물관/도서관/문화/공연/전시관련', '연예기획사', '방송', '스포츠', '매거진', '병원', '축제', '브랜드', '기업' 등이다. 그리고 '기업'은 특정 조건을 갖춰야 한다.

모바일에 최적화된 플랫폼으로 나온 네이버 포스트도 블로그와 거의 비슷하게 적용된다. 네이버 검색에서 '네이버 공식 블로그', '네이버 공식 포스트'를 검색해서 더 자세한 내용을 참고하면 된다.

■ 카카오 다음 (카카오 하모니) 1boon, 브런치

포털 다음은 언론사 제휴 이외에도 좋은 콘텐츠 제휴 제안을 받아 좋은 콘텐츠들을 포털의 각 섹션에서 메인에 노출해 주고 있다. 콘텐츠 제휴 중 일반 기업들은 카카오 하모니 '1boon'이라는 섹션을 제휴 제안할 수 있다.

정기적으로 콘텐츠를 제작하는 기업일 경우, 1boon과의 제휴를 통해 온라인 PR 효과 극대화가 가능하다. 단, 1boon에 올려야 하는 콘텐츠는 비상업적이면서도 정보, 재미 등이 있어야 한다. 자신의 기업만을 위한 콘텐츠 등은 지양하는 것이 포털 메인에 노출될 수 있는 방법이다.

현재 다음 모바일 각 섹션 메인에 올라온 글들 중에서 1boon이라는 콘텐츠들을 쉽게 확인할 수 있다.

다음이 1boon 콘텐츠 이외에도 포털 각 섹션 메인에 노출하는 플랫폼이 '브런치(BRUNCH)'이다. 개인뿐만 아니라 기업들도 브런치의 작가 등록을 통해 글을 발행하는 것이 가능하다. 정기적으로 기업의 산업 분야와 관련된 질 높은 콘텐츠를 제작하는 기업들은 브런치를 통해 글을 발행해서 포털 메인 노출을 노릴 수도 있다. 또한, 브런치에 등록된 글들은 블로그와 비교했을 때 그 수가 적기 때문에 다음 검색 시 메인에 노출될 가능성도 크다.

참 고

- 포털 공룡의 '온라인 공론장 정화' 턱없이 부족
  (매일신문, 2018. 4. 26)
  https://news.naver.com/main/read.nhn?mode=LSD&mid=sec&sid1=102&oid=088&aid=0000534809

- 네이버 '7년전 악몽' 되풀이…아웃링크 외압에 수익까지 '뚝'
  (뉴스1, 2018. 5. 2)
  https://news.naver.com/main/read.nhn?mode=LSD&mid=sec&sid1=105&oid=421&aid=0003350122

- 네이버 뉴스 '클러스터링' 적용… '어뷰징' 사라질까
  (데일리안, 2014. 12. 15)
  https://news.naver.com/main/read.nhn?mode=LSD&mid=sec&sid1=105&oid=119&aid=0002052674

- 네이버 모바일 뉴스에 'AI 헤드라인' 적용…14개 기사묶음 제공
  (아시아경제, 2018. 6.1)
  https://news.naver.com/main/read.nhn?mode=LSD&mid=sec&sid1=105&oid=277&aid=0004250250

- [단독] 100만 원이면 비판기사를 네이버에서 숨길 수 있다
  (미디어오늘, 2018. 2. 28)
  http://www.mediatoday.co.kr/?mod=news&act=articleView&idxno=141489

- [단독] "네이버 실검기사 써드립니다"… 뉴스유통 슈퍼갑 네이버가 부른 '기형 언론문화' (천지일보, 2018. 3. 5)
  http://www.newscj.com/news/articleView.html?idxno=498225

- 네이버와 달리 다음은 뉴스서비스 개편 안 한다
  (한겨레, 2018. 5. 10)
  https://news.naver.com/main/read.nhn?mode=LSD&mid=sec&sid1=105&oid=028&aid=0002409327

- 뉴스 편집 손 떼기까지... 네이버 뉴스 서비스 변천사 (2018. 5. 11)
  http://www.kinews.net/news/articleView.html?idxno=119616

- 위키피디아 (2003년 01월 : 미디어다음 오픈 _뉴스 서비스 시작)

- 포털 뉴스
  https://brunch.co.kr/@louis1st/83

- [토요워치] 안드로이드 오토 · 구글 홈 · 뉴스 서비스 · 한반도 공습 시작된다 (서울경제, 2018. 7. 20)
  https://news.naver.com/main/read.nhn?mode=LSD&mid=sec&sid1=105&oid=011&aid=0003353669

- 네이트, 다음 검색 쓴다…독일까 약일까
  (지디넷코리아, 2014. 1. 14)
  https://news.naver.com/main/read.nhn?mode=LSD&mid=sec&sid1=105&oid=092&aid=0002044486

- 한국 포털 의존도 1위, 언론사 홈페이지 접속률은 꼴찌
  (미디어오늘, 2017. 11. 24)
  https://news.naver.com/main/read.nhn?mode=LSD&mid=sec&sid1=102&oid=006&aid=0000089564

- 포털-언론사, 상생 가능할까
  (아이뉴스24, 2017. 7. 7)
  https://news.naver.com/main/read.nhn?mode=LSD&mid=sec&sid1=105&oid=031&aid=0000416989

- 신문사 계좌로 홍보비 빋고 기사 내준 편집국장… "청닥금지법 위반으로 볼 수 없다" (법률신문, 2018. 10. 4)
  https://www.lawtimes.co.kr/Legal-News/Legal-News-View?serial=147081

- 홍보 기사 대가로 돈 받은 기자들 검찰 송치 (뉴스1, 2018. 6. 29)
  https://news.naver.com/main/read.nhn?mode=LSD&mid=sec&sid1=102&oid=421&aid=0003456328

- 돈 주고 지면 사는 정책홍보, 언제까지 계속? (더피알, 2018. 10. 8)
  http://www.the-pr.co.kr/news/articleView.html?idxno=41090

- 광고 아닌 광고같은 정책홍보, 다른 나라는 어떻게?
  (더피알, 2018. 10. 10)
  http://www.the-pr.co.kr/news/articleView.html?idxno=41111

- 네이버 트렌드
  https://datalab.naver.com/keyword/trendSearch.naver

- 네이버 키워드 광고
  https://manage.searchad.naver.com

- 한국의 데이터 저널리즘, 어디까지 왔나? (블로터, 2017. 11. 19)
  https://news.naver.com/main/read.nhn?mode=LSD&mid=sec&sid1=105&oid=293&aid=0000020921

- 네이버 "삼성 비판 기사 밀어내기, 기술적으로 못 막는다"
  (미디어오늘, 2018. 3. 21)
  https://news.naver.com/main/read.nhn?mode=LSD&mid=sec&sid1=105&oid=006&aid=0000091222

- 더불어민주당원 댓글 조작 사건 (위키백과)

- 광고 아닌 광고 같은 정책 홍보, 다른 나라는 어떻게?
  (THE PR, 2018. 10.10)
  http://www.the-pr.co.kr/news/articleView.html?idxno=41111

- 네이버 지식백과사전 – 네이티브 광고, 애드버토리얼

- 네이버 제휴 문의 (블로그)
  https://help.naver.com/support/contents/contents.help?serviceNo=520&categoryNo=17501

- 카카오 제휴 문의 (다음 콘텐츠)
  https://with.kakao.com/daum/media